52位年赚百万卖家教你做淘宝

卖家必读

蒋晖 编著

中国民族文化出版社
北 京

图书在版编目（CIP）数据

52位年赚百万卖家教你做淘宝 / 蒋晖著.—北京：中国民族文化出版社有限公司，2019.10
ISBN 978-7-5122-1247-3

Ⅰ. ①5… Ⅱ. ①蒋… Ⅲ. ①网店－运营管理 Ⅳ. ①F713.365.2

中国版本图书馆CIP数据核字(2019)第183154号

书　名：52位年赚百万卖家教你做淘宝
作　者：蒋　晖
责　编：李　健
出　版：中国民族文化出版社
地　址：北京东城区和平里北街14号（100013）
发　行：010-64211754　84250639
印　刷：天津盛辉印刷有限公司
开　本：880mm ×1230mm　1/32
印　张：7.25
字　数：150千字
版　次：2019年11月第1版第1次印刷
印　数：1—5000册
书　号：ISBN 978-7-5122-1247-3
定　价：59.00元

序

我曾经写过一本《如何做好淘宝》，主要阅读对象是淘宝新手。在书里，我用比较通俗的方法讲解了从零基础做好淘宝的各种方法。

这本新书，《52位年赚百万卖家教你做淘宝》，主要通过给大家分享52位淘宝优秀卖家的实战经验，教大家如何把淘宝店从一元做到百元，甚至百万元。

我从2009年开始涉足互联网行业，2012年开始做淘宝，同年开了一家电商在线教育公司和“猫课”。这些年，我在“猫课”一边做电商培训，一边研究各种电商卖货的策略。

2017年前后，电商的环境发生了巨大的变化。

2017年以前，我们认为做电商就是做淘宝、京东；2017年后，拼多多平台发展起来，直播电商、微信电商也很火，同时，跨境电商开始被越来越多的卖家关注；2019年开始，短视频电商等内容电商更是让大家应接不暇。

电商已经不仅仅是指淘宝平台。

在这样的趋势下，仅靠自己研究，已经没有办法抓住市场的细微变化。所以，我们借着在电商卖家圈子中积累的影响力，组建了一个大卖家社群——“狮友会”。

“狮友会”的出发点，是为了帮助我们的团队能够发现电商的每个趋势。因此，我们从一开始就采取筛选制度，只有年利润百万元以上的卖家才能够加入该社群。

经过几年发展，社群几千位大卖家共同成长。他们在社群里分享自己在实操中获得的经验，包括产品突破、淘宝流量搜索、淘宝广告、短视频推销和跨境平台运营等。

我经过认真筛查，把其中 52 位大卖家的分享经验进行整理，形成这本书的主要内容。

电商知识越来越丰富，每个卖家都需要借鉴、学习不同的经验，才能有所成长，希望这些经验能让大家有所收获。

“狮友会”社群成员的分享，我会不断整理出来，共享给更多的卖家。

想学习更多更新内容，你可以关注公众号电商“狮友会”。

目录

CONTENTS

运营干货篇

团队管理篇

老客户开发篇

选品技巧篇

跨境电商篇

运营干货篇

打造标品，让店铺从同行中脱颖而出

王雨，“狮友会”成员，2016年开始做电商，目前主营个人护理类目。

差异化外观的优势

标品做差异化是有一定难度的。大多标品卖家会从销量、价格以及品牌三个维度去做差异化。

而王雨在打造一款标品爆款时，还会考虑外观方面。

做外观差异化比较简单，成本也低，客户在千篇一律的产品中，更容易发现我们。

另外，通过外观创新，还有四个好处。

1. 点击率飙升

比如，他之前做老年人的护膝产品，市场上产品大部分是以黑色、灰色等暗色系为主。这时，做一款颜色鲜艳的产品，立马就和同行的产品区分开了，客户更愿意点击。

2. 转化率提高

做标品，在同等价位、功能相似以及销量相近的情况下，如果你的产品比同行的竞品更好看，更吸引客户，肯定转化率会更高一些。

3. 定位更细分市场

产品通过外观创新，也是重新定位市场，进来的流量也会更精准。

如何做外观创新

外观创新，即针对不同的产品和不同的人群，做侧重点不一样的创新。王雨团队的产品，主要分为两类，一类是注重功效类的，另一类是注重外观类的。

注重功效类的产品，进行外观创新时，会更注重突出产品的质感。

注重外观的产品在进行创新时，更注重突出产品的心意，抓住客户的痛点。

如何做功能创新

功能创新比较简单。找到市场上的主流爆款，添加一个爆款没有的小功能。

客户在比较两个同价格的产品时，可能因为增加的这个小功能，就选择了你的产品。无形中，就提高了转化率。

如何形成差异化

简单来说，就是把成熟市场里的产品，通过简单的改动，拿到另一个相似的市场里去卖。

当然，针对不同的产品有不同的思维方法，具体情况还要根据自身的行业特点进行分析。

如何做抖音推广

电商发展至今，遇到的困难越来越多，但每年都还会有一些新的风口和机会。

首先，用抖音推广产品，选品很重要，要适合抖音人群。

其次，在正式推广之前，要先把产品的基础销量和评价做好，不然转化率会很低。

推广账号时，王雨并没有找大V，他找了10个20 000粉丝的抖音号和2个100 000粉丝的抖音号做推广，让他们按照顺序每天发一条视频。

这12个账号如果有一个大爆，带来了数百万的流量，并且持续增长，就能为店铺带来了非常高的销售额。

抖音拍摄注意事项

目前，王雨运营了抖音号，因为他的重心不是成为抖音红人，所以账号的粉丝量不需要太多。

王雨注册账号、养号，再通过拍摄优质视频，慢慢地把抖音账号运营得有声有色。当然，前提是视频要拍得好。

注册抖音账号，要注意这六个关键点。

（1）要用手机4G网络发视频，因为抖音服务器会记录你的IP地址，一个抖音号出问题，会关联其他的抖音号。

（2）抖音昵称要深思熟虑，格式一般是账号定位加个人称呼，比如办公室小野、名侦探小雨等。

（3）填写的抖音号要简单好记，这样其他人更容易通过抖音号找你。

（4）如果你也注册了今日头条，可以把抖音和今日头条两个账号关联。抖音上显示的粉丝是两个平台相加的总和，这样数目看起来会更可观。

（5）尽量注册多个账号，视频爆的概率会更大。

（6）地域信息要精准，因为刷抖音的人看到是在同一个城市的，会比较有亲切感。

账号建好之后，就进入养号阶段。

比如做养生类产品的账号，账号建好之后，一周内不发任何产品视频。在这段时间内，搜索、关注一些养生账号，评论、点赞等。

持续一周后，抖音会默认该账号是养生账号。在后期发布视频时，抖音也会优先把你的视频推荐给关注养生账号的这部分人。

| 蒋晖点题 |

目前，王雨手中的几个抖音号，有一个号爆了，拥有十几万粉丝，并且还都是比较精准的客户群体，他在抖音这方面做得比较好。

其次，短视频红利还在持续发酵，只是现在短视频的运营需要更精细化，对产品的要求也比较高。但是一旦爆发，给店铺带来的收益将是巨大的。

做好手淘首页，10天引爆10万流量

万宝路，“狮友会”成员，擅长打造手淘首页，10天即可引爆10万流量。

做手淘首页的要求

淘宝首页的“猜你喜欢”功能，就是优先给买家推荐他们最喜欢或者最符合他们需求的商品。

为了能最大程度引爆手淘首页流量，产品要满足以下几点。

1. 关注产品本身

保证产品本身没问题，比如产品质量、库存等能把控好。

2. 专注目标人群

了解产品背后人群，这对产品后期的转化率很重要，也方便后期提炼产品卖点，戳中买家痛点。

3. 提高主图点击率

不管首页的“猜你喜欢”还是直通车、钻展，主图都是增加点击率的关键。现在基本是设置5张主图就能展示宝贝的卖点，他们用的是800pt × 1220pt的长图，因为用的人少，就会显得与众不同。

4. 提高转化率

首页“猜你喜欢”的转化率比较低，这和引流的人群以及细节没有做到位有关。为了获得有价值的流量，提高转化率，万宝路不断开会讨论方案。

5. 优化详情页

详情页主要围绕买家的痛点设计，万宝路团队会收集同行的差评，再去找买家来店铺回答相关问题。

买家秀和追评也是如此，同行做得不好的，他们就去做好，这也是影响转化率很重要的点。

在上面几点都做好的同时，产品的利润和性价比尽量高一点，他们的利润一般要求在 50% ~ 70%，因为这样操作下来才赚钱。

如何设计高点击率的主图

因为淘宝给卖家的机会仅仅是展现，至于能有多少客户点击、进入店铺全靠自身实力。所以做手淘首页的重点就是设计好主图。那么如何设计高点击率的主图呢？

（1）有创意。

（2）与众不同（别人没有，你有）。

（3）奇葩（吸引别人）。

（4）好奇心理。

大家可以通过生意参谋的行业粒度，收藏同行的高点击率主图，也可以去网站上参考一些创意比较奇特的主图。

影响“猜你喜欢”的因素

首先，最重要的一个因素就是店铺模型。因为店铺模型包含的因素特别多，比如DSR评分、退款纠纷率、投诉举报和售假扣分等。店铺模型建好，店铺权重才会高。

接下来，是宝贝的优化。店铺通过优化标题、产品属性和主图来提高点击率。

最后，是宝贝的核心指标。核心指标包括新品标、销量、点击率、收藏加购率、转化率、跳失率、回访率和宝贝的上下架时间等。

手淘首页成交权重

具体操作时要注意成交权重。一般宝贝上架第10天会是一个权重点，也是引爆流量的最佳时期，所以前期要做一些基础销量数据，等店铺开始有百来个访客，再开始第二步。

冲基础销量有三种方法。

（1）让买家提前两天浏览几个和自己店铺商品相同风格、价格区间和属性的宝贝（指淘宝商品）。连续浏览三天后，再收藏他们的宝贝。收藏的时候顺便关注一下店铺，有利于提升宝贝和店铺权重。

（2）让买家连续几天浏览同类产品，等“猜你喜欢”出现自己店铺的宝贝，再去成交。

（3）让买家浏览高销量的产品。前两天浏览高销量的宝贝，后面再浏览自己店铺的宝贝。这样，“猜你喜欢”根据权重，就比较容易出现你的店铺的宝贝。

因为高销量的宝贝本身流量很多，当买家浏览到其他店铺却不买，浏览到你的店铺宝贝的时候再去成交，这样系统会认为你们的产品更加优秀。

万宝路通过这三种方法让他们的宝贝出现在买家面前，并且有成交，这样操作连续 10 天左右，流量就会增加。在这期间，再挑两三天做一个大单的产值，去提升宝贝的 UV（总访客数量）和权重。

但要注意的是，做“猜你喜欢”的首页销量，一定要注意宝贝的标签。做好标签之后，再去首页找到宝贝做成交，这样成功的概率会有 80%。

手淘首页人气权重

做销量容易影响宝贝的人群标签，那么在不做销量的情况下怎么带动手淘首页呢?

1. 拉流量指数（流量人气的增长）

（1）用直通车定向拉人群。持续拉 10 天，只要主图点击率和收藏加购没问题就能做起来，还可以顺便做一点宝贝的首页产值。

（2）用钻展拉人群。很多人没有使用钻展，其实钻展比直通车好用，既便宜还精准，转化率还不输于直通车。

2. 提高收藏加购率（高于同行）

通过生意参谋分析产品数据，我们会发现有的产品手淘首页流量能做到 10 万，但是成交的只有三五单，这种产品引爆手淘首页有三个可能的原因。

（1）点击率高。

（2）收藏加购率高。

（3）浏览时间长。

关于提高收藏加购率，万宝路团队给大家分享一个窍门。在主图或者详情页标注收藏店铺送 ×× 产品，如果是成本比较低的，可以收藏宝贝，下单加微信再送一盒，这样引爆流量的时候，还可以在微信积累一批粉丝。

| 蒋晖点题 |

首页流量是在服装、美妆领域的顶尖卖家中比较火的一个玩法，就是把产品的标题写得不规则，但是手淘首页的流量会爆发。

服装、美妆这类产品放弃了搜索排名的获取，完全抓“猜你喜欢”流量。标题不重要，通过优化“猜你喜欢”的点击率和销量，从而在“猜你喜欢”大量曝光。

加盟创业，从负债 60 万元到重整旗鼓

雷王斌，“狮友会”成员，主营运动类目，“坏蛋的店”创始人。他是如何从零开始创业？在创业两年负债 60 万元之后，又是如何重振旗鼓的？

初期创业

雷王斌创业选产品时，第一个想到的是鞋子。因为家庭条件有限，他特别想买正品而又便宜的鞋子。后来他在贴吧里买了第一双正品运动鞋，同时发现很多人在贴吧卖鞋子。慢慢地，他知道了折扣店的存在。

正好，当时附近开了一家折扣店，里面鞋子的价格很便宜，他就尝试把里面的鞋子发到贴吧去卖，正式开始创业。

在寒假的时候，雷王斌和弟弟开了一家淘宝店，店名是他取的，就叫“坏蛋的店”。当时，有一点他们做得比较好，就是把想买鞋子的客户都加到 QQ 上。

两年过去了，QQ 上的人越来越多，自己的淘宝店铺也做到了 4 个钻石。

创业两年，负债 60 万元

他在两年时间里同各大折扣店的店员和店长相处得很好，慢慢地，雷王斌对这个行业有了一定的了解。

后来，雷王斌一个人忙不过来，就招了两个小伙伴。但他

们什么都不懂，而雷王斌不会管理，就安排员工在QQ空间里找顾客，这也是他们最初的小团队。

雷王斌在2016年成立工作室，销售额也越来越高，他开始针对好的款式进行囤货。

2016年年底，他因为囤货太多破产，还欠了60多万元外债。但是他没有放弃，而是找叔叔借了1万元，重新开始自己的事业。

2017年，他运气比较好，遇到了一位贵人。商场当时经常有活动，贵人会优先让他们挑货，剩下的才上特卖。通过一整年的努力，雷王斌终于成功地翻身了。

创业经验分享

雷王斌的粉丝黏性比较高，虽然他与粉丝大多未曾谋面，但一直保持联系。

下面是他总结的三条创业经验。

1. 对客户用心

是否用心，客户是能感觉到的。

和客户成为朋友的办法有很多，雷王斌每次去一个城市，都会带一些特产，让客户抽奖，随机送。也会和客户分享他的创业经历和经验，客户遇到创业问题也会问他。

所以客户很愿意把身边人介绍给他，他也不需要打广告、做流量。

2. 从量变到质变

他一开始做QQ空间，一开始平平淡淡，到了一个临界点就开始爆发。虽然雷王斌也说不清这个临界点在哪里，但是坚持下去总会爆发。

3. 初心不改

只要跟他有接触、有交易的人，他都没让他们吃亏。包括现在，他的很多加盟商都是他的客户，他们非常信任雷王斌。所以，雷王斌一直认为是加盟商和小伙伴们成就了他，而不是他成就了他们。

雷王斌所有的方法，包括他现在做生意的所有事情，都是围绕上述三点开展。他的团队有一句话——“坏蛋的店”从不辜负每一份信任。

| 蒋晖点题 |

雷王斌的创业经历很传奇，因为多方的压力逼迫他创业，后来的成功也是四年来不断坚持的结果。

雷王斌的粉丝黏性高，不仅仅是他的产品好，更多的还是他的人格魅力，我想这也是很多顾客愿意加盟的原因。

如何高效入驻天猫店铺

陈乙和，“狮友会”成员，主营智能设备，如电话手表。

开店所需资料

想要入驻天猫，陈乙和认为首先要想好店铺是哪种类型的。因为店铺类型不同，需要准备的资料也不同。目前有旗舰店、专卖店、专营店和卖场四种类型。

如果你想开旗舰店，那么你需要做以下事情。

先理清楚开店主体（申请主体公司）和使用的商标（品牌方）以及需要的类目资质（资质拥有方）这三方的关系。

一个商标可以开一家旗舰店，多家专卖店以及多家专营店；一个公司主体在同一个商标下，只能开设旗舰店、专卖店或者专营店中的一种。

不同类目所需要的资质不一样。

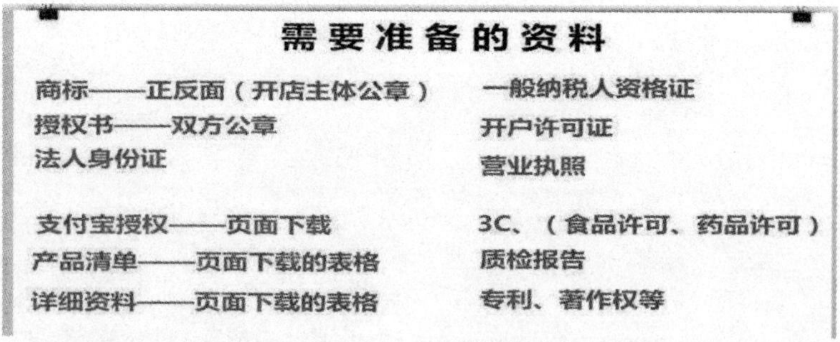
需要准备的资料

商标——正反面（开店主体公章）	一般纳税人资格证
授权书——双方公章	开户许可证
法人身份证	营业执照
支付宝授权——页面下载	3C、（食品许可、药品许可）
产品清单——页面下载的表格	质检报告
详细资料——页面下载的表格	专利、著作权等

然后是授权书。纳税人和支付宝授权样本，在天猫开店里面能找到，下载之后，填写完整再打印出来，盖上开店主体的公章就完成了。

一般需要用到的有商标正反面、营业执照、一般纳税人证明、开户许可证、法人身份证（签名盖开店主体章）和支付宝授权，还有一些资质包括专利、质检报告等，复印件全部都要加盖开店主体公章。

如果是独占授权，需要加盖品牌拥有方公章和开店主体公章两种公章。店铺产品的清单可以直接在开店页面下载，下载之后填写带 * 的项目就可以了。零售价可以参考行业大牌产品。

此外，卖家需要准备十张产品的白底图，注意文件分辨率要在 600pt × 800pt 以上，大小在 800kb 以下。

资料填写的注意点

资料准备齐全之后，开始填写申请。

首先，用淘宝买家号登录天猫的入驻页面，选择入驻。

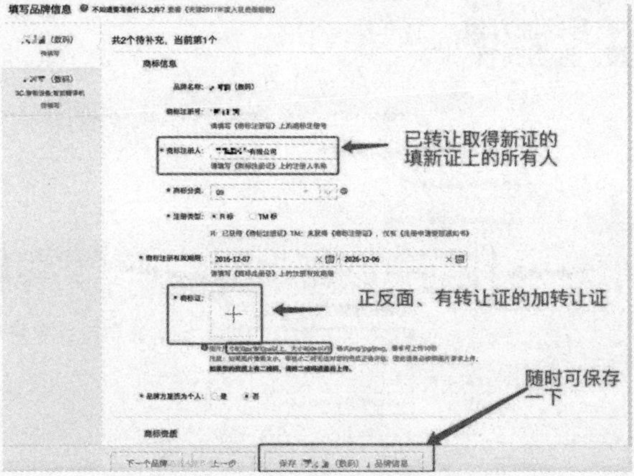

进入入驻页面后，把之前准备的资料填写上去。这里有一个注意点，带 * 的要认真填写，不带 * 的可以不填写，因为小二只看带 * 的。

下面是两张流程图。

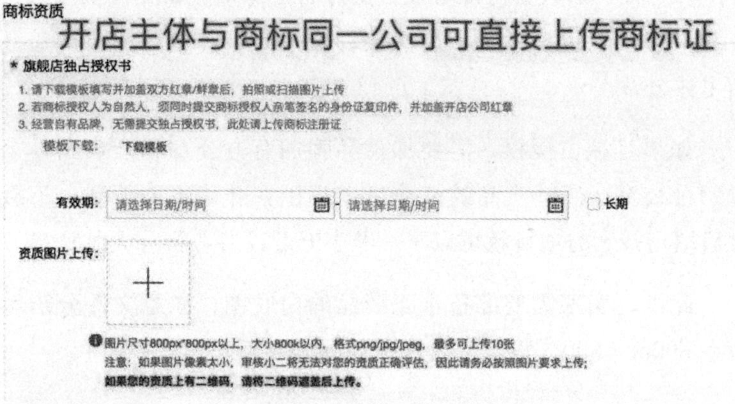

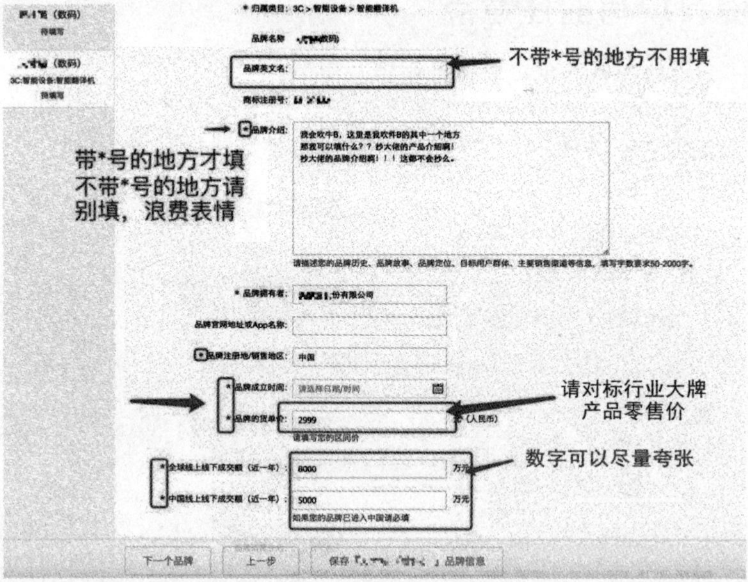

下文的两张图标出来的是招商审核人员重点关注的地方，也是很多人忽略的地方。

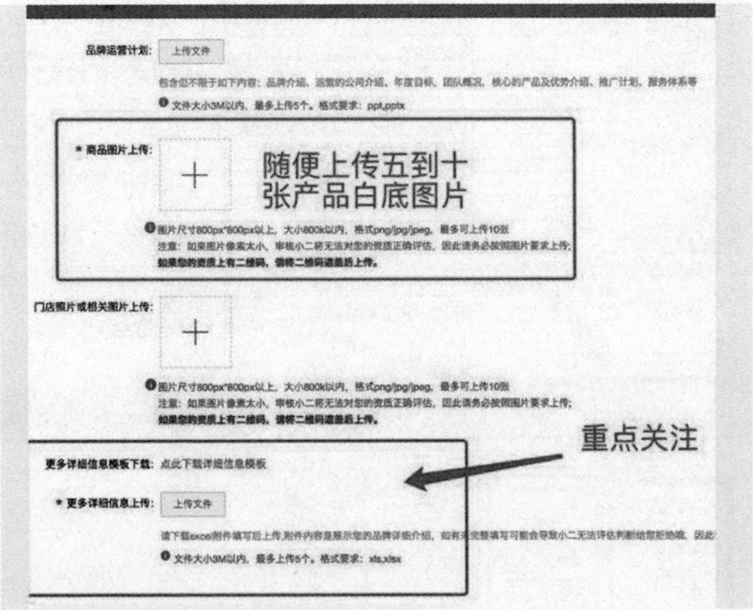

在填写资料时，品牌运营计划的 PPT 可以没有，详细信息一定要重点关注。

看下面的小字提示，如果未完整填写，可能导致小二无法评估判断，所以一定要认真填写。

下载 EXCEL 表格模板，打开后你会发现只有一个页面。如果你的类目是有资质需求的类目或者是偶尔才开放招商的类目，在这个表格里，需要再增加一个子页面，这也是小二重点会查看的地方，因为没有详情，小二是不会关注的。

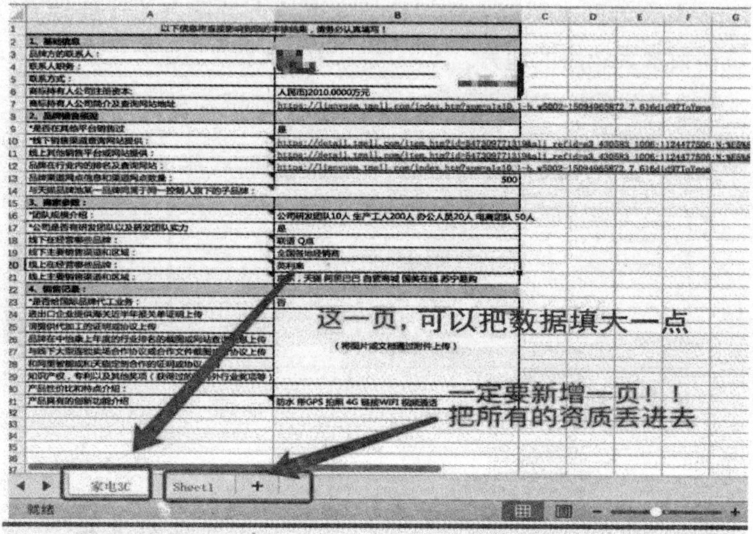

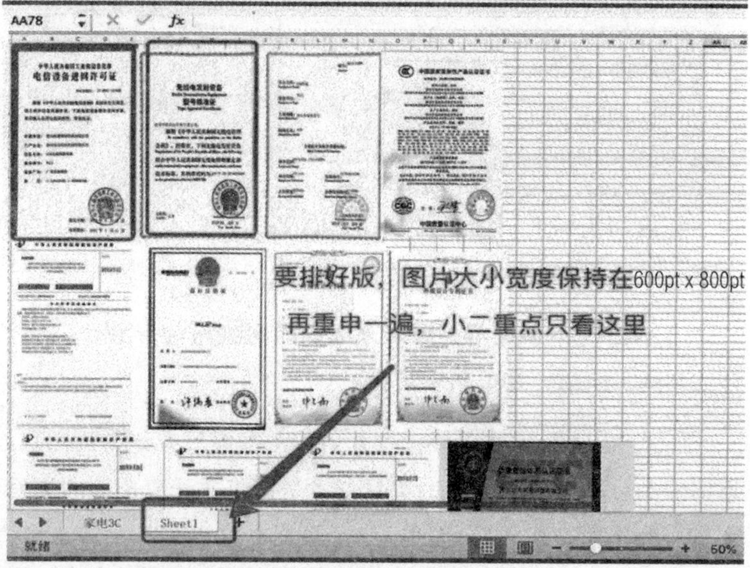

在 EXCEL 表格第一页，把基本情况填写完整，把好的一面完美展现出来。

在 EXCEL 表格第二页，把准备好的资质和专利电子文件，裁剪成文件宽度 800pt 以上，大小 800kb 以下，按顺序排列好，粘贴在表格中。

入驻过程注意点

（1）用买家号入驻天猫时，如果入驻失败，最好更换一个账号再次申请入驻。

（2）如果公司不是一般纳税人，最好升级为一般纳税人，否则需要重新申请或者修改，一般会要求在 15 天之内升级为一般纳税人。

（3）如果借用他人资质申请旗舰店被打回，要求重新提交资质或者相关专利，这个时候可以开一份证书或者专利资质证明文件。

（4）开设天猫店有捷径。以旗舰店为例，淘宝每年有一定时间处于招商阶段，只要准备好资料给招商部，并且审核通过，就会给邀请码，有了邀请码，入驻就成功一大半了。

（5）天猫入驻的难度与入驻类目松紧度有关，这与公司招聘员工相似。注意事项相当于这份简历的精细程度，没有按要求填写、填写不完整或者资质不齐全的，几乎是直接打回，连修改机会都没有。

（6）类目在哪找？加入各自行业的钉钉群，可以先准备商标以及开店的资质。

如果目标行业开放招商，马上就可以提交了，通过率会比较高。

申请被退回怎么办

如果一个工厂的资质授权给其他人或者自己开店使用多次，申请会直接被小二退回来。

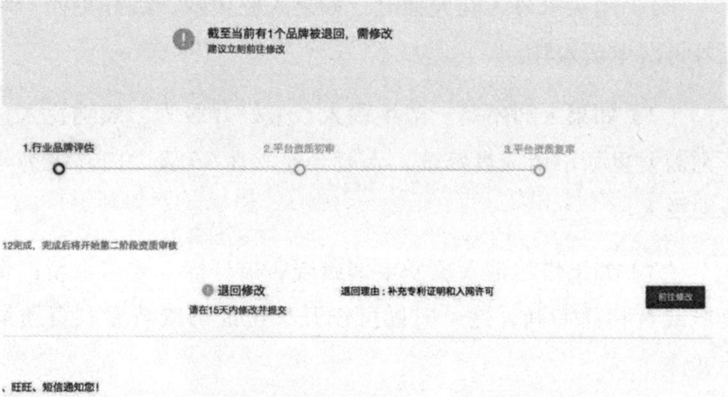

如果遇到这种情况，也不要着急，更换一下资质和专利就可以。

|蒋晖点题|

陈乙和分享的开设天猫店的注意事项很详细。

“狮友会”里大多数成员都有天猫店，没有的成员想要开天猫店，这个分享是比较实用的。

联手网红，多类目扩张，加快公司发展

陈济鑫，“狮友会”成员，“猫课”2014 年学员，以做爆款为主的多类目商家。

创业故事

陈济鑫的创业故事，非常励志。他的公司租在一套别墅里面，员工吃住全部在一起，吃、住、日用品公司全包。公司现在已经有 20 多个员工了。

3 年前我第一次见到他的时候，他还负债累累，后来他就借钱上了“猫课”的课程。当时他在学员群里面不断拜访深圳的同学，其中有一位同学叫黄智深，他见陈济鑫人不错，借给他 40 万元作为起步资金。通过同学的关系，互相帮助，一群人都成功了。

之后陈济鑫做了一个乐器项目。通过了解这个产品，认识了快手上的才艺网红，两人成了淘宝神雕侠侣。

电商圈子很重要

因为之前缺乏经验和模式，所以陈济鑫非常重视学习，每年至少投入 30 万元用于学习和社交。

他一直告诫自己，要“接触好的人，踏进好的圈”。积累人脉最忌讳的就是上当受骗，最怕遇到看似厉害，实际没成果的人。这种人分两类：一类是天天高调吹嘘、分享炫耀，但实际没成果，分享的信息还会干扰他人的人；另一类是让人觉得他十分努力，但总做不出成绩，还打击别人信心的人。

所以他每进一个群，都会找圈子中话少但确实做出成果的人，避开爱吹嘘、带负能量的人。

多类目扩张要慎重

陈济鑫做多类目扩张，是为了增加选择范围。其实很多行业大类目中市场环境真正较好的也许就一两个，所以不要为了进入某行业而进行全类目扩张。我们要避开一些低价、冲淘宝客或者抢销量排名的类目。

电商公司要想清楚自己的核心优势，那些盲目扩张品类的公司，并不清楚自己的核心优势，也不明白不同优势做不同品类的道理。

陈济鑫做扩张时会着重考虑行业整体市场、竞争对手状况和行业主要的大卖家公司状况，以及公司是否真正具备计划运作项目的优势。

跨品类扩张的两大陷阱

虽然陈济鑫的公司核心优势是综合流量，但他们不会跨行业，也不会用原团队选品做扩张。那样做成功率极低，操作手法以及具备的优势也完全不同。

如果确定要做跨品类，在选品时要避开以下两大陷阱。

（1）可持续性较短的品类。

即使非常暴利，也不建议尝试，因为它会伴随着市场变化下滑，等于白白投入精力。

（2）门槛较低的品类。

真正利润好又容易做的类目无非以下两种。

（1）冷门。

高利润是因为该类目属于冷门类目，竞争对手偏弱，所处的市场环境比较健康，可以获得高利润。

（2）高门槛。

其他商家达不到条件无法进入，前期较难开展，但坚持做下来会非常稳定。

冷门类目比较适合大部分中小卖家切入，在不断积累实力的同时，多物色高门槛的品类，因为这类行业的可持续性强。如果只做冷门，除非公司配套实力上升速度快，能赚时间差，否则基本没有成功的机会。

|蒋晖点题|

一个公司发展需要的不仅是实操干货，也需要方向和思路上的干货，它同样会影响公司的发展和业绩。

电商机会太多了，光靠自己根本发现不了多少，但是如果有了自己的圈子，从圈子中得到消息，就容易让自己有得到新机会的信息。

自己一旦遇到瓶颈，就要开始反思，如果圈子没有升级的空间，就要想办法拓展圈子。

眼镜行业如何打通线上和线下市场

第七人，“狮友会”成员，从事眼镜行业9年，目前在广州拥有4家批发店铺、两家阿里巴巴店铺和两家淘宝店铺。

什么是“五高”行业

我们知道眼镜行业是一个“五高”行业，那什么是“五高”行业？

1. 高单价

眼镜行业具备高单价属性，很大一个原因是它由国外传进。相比国外，中国的单价非常低，具备上升的空间。

2. 高利润

眼镜行业，利润非常高。一副70元的眼镜，镜框、镜片成本在20元以内，算上装配大概25元，而卖70元的眼镜利润在50%以上，中端眼镜利润在75%左右，单价5000元以上的眼镜利润会更高。

3. 高复购

首先，人一辈子配多副眼镜是最低要求。其次，生活节奏加快，提升了眼镜消费速度。最后，客户首次进店消费就会建立信任感，大概率再次回购，除非店铺技术达不到要求。

4. 高壁垒

眼镜属于医疗类目，因为销售隐形眼镜和实体店验光都必须具备医疗许可证，所以门槛很高，申请医疗许可证会阻拦很多人进入这个行业。另外卖眼镜初期投资较高。

5. 高增长

一是市场份额的增长。二是近视人口的增长，中国近视人口大概超过 6 亿人。三是二胎政策的开放，可预见未来市场潜力巨大。四是老花眼镜的需求量增长。

行业竞争主要源于内部

眼镜行业虽然具备“五高”属性，但同样存在较大竞争，只是竞争对手都在内部，外来冲击并不大。

线上销售存在局限性，那就是顾客很难体验到专业的验光服务。网上配镜的模式是客户在实体店验光后，将数据给淘宝客服，按照度数配镜。但配镜如果没有专业的技术支撑，客户很难产生信任感。

由于眼镜行业的这个特性，网上冲击对眼镜实体店并不明显，现在眼镜实体店越来越多，很多原本开天猫店、淘宝店的卖家到后期都会去开实体店。

竞争对手分析

身处眼镜行业，研究竞争对手是必要工作，比如已经有 300 多家实体店的 LOHO 眼镜。

通过百度搜索配眼镜之类的关键词，LOHO 眼镜基本靠前排。他们正是通过在百度、腾讯进行SEO（搜索引擎排名优先）引流，把线上流量导入线下，接着通过O2O模式，把线上作为支付平台，形成销售模式。

实体店选址时，他们主要选在写字楼，店铺定位是按照中端客户白领的消费习惯选址。

LOHO眼镜产品独特、定位清晰、目标明确，走年轻时尚潮流路线，通过规划好的模式将线上线下完美结合，现在拥有300多家体验店，在眼镜行业几乎没有对手。

但必须考虑到一点，眼镜实体店对选址、客流量等要求非常高，尤其是不要轻易跨域。

如果没有一个强势的品牌，就不要轻易尝试进入一个新的地区：一是旺铺成本较高；二是跨域后没有知名度，很难做下去。如果一定要做，需要投入很多资金做产品推广，或者进行户外广告宣传。

重点利用O2O

LOHO眼镜虽然实体店较多，但流量并不完全来自线下，还有腾讯和百度的线上流量。因为眼镜行业到现在基本都非常传统，很多店家并不太懂网络，要利用好这一点。

LOHO眼镜采用优化网页的关键字、购买关键词、发外链和开贴奋战等方式，基本占领眼镜领域的百度搜索第一页。

同时在天猫店、京东店开启活动模式，直接导向实体店，实体店会提供验光配镜服务，从而顺利将线上客户基本转到线下。利用QQ空间弹窗、邮箱等推广，转化率也非常好。

除此之外，LOHO眼镜建立的独立门户网站会针对不同人群进行策划，也会提供预约服务。通过答题留号码发送就近地址的方式，将传统店铺的局限性通过网络突破。

第七人认为 LOHO 眼镜最棒的点是线上线下会员的共享。其他品牌线上线下不同是为了打价格战，想做线上特供，所以材质、质量都比较低端，而 LOHO 眼镜线上线下的会员共享恰恰避免了这一点。

|蒋晖点题|

现在大多类目都是线下引流到线上，而眼镜行业则是线上引流到线下，从而完全打通线上和线下两个市场，因为这个行业更重视服务和专业性。

眼镜行业一直是个高利润行业，种种数据也都说明了这点，但门槛也摆在那里。

第七人提前把握住了好时机。他的行业分析以及对竞争对手的分析都非常透彻，也看得出他是个有准备的人。

打造爆款，传统行业转型电商的关键

闫石磊，“狮友会”成员，传统行业转型电商，现为天猫母婴类目卖家。他擅长通过各个维度的分析对店铺进行定位，对产品进行分析，打造爆款产品。

爆款核心是产品

不是所有的产品都适合打造爆款，而是要看它是否有爆款基因。如果一个产品竞争力不强，无法有效地满足用户需求，我们花时间和精力去打造，很大的概率会无功而返。

消费者的需求在哪里能反映出来？可以通过生意参谋里面的行业热词榜、飙升热词榜体现出来，这就需要我们对数据进行分析。因为数据不会说谎，也更有说服力。

除此之外，让客服不断总结客户的关注点。这项工作做下来，可以及时认识到客户需求，对整体的经营策略（不仅限于打爆款）都能起到很大的作用。

前期分析要透彻

打造爆款要规划资金用途，想要每一分钱花在刀刃上，主要从以下三个方面进行重点分析。

1. 分析店铺模型

店铺模型分为两种：全店动销型和单品爆款型。做单品爆款只要确认目标竞品，从两个维度上超越它，基本可以把流量拿到手。一是在 UV 价值和坑位产出上超越对手，二是先有销量再有流量，获得最大的免费流量对冲。

2. 分析产品特征

因为产品差异不大，做标品更要强调运营策略；如果是非标品，则要强调产品本身，要在功能、功效和性价比上超过竞品。

3. 分析行业

产品所处的竞争环境分为四个阶段：诞生阶段、竞争阶段、品牌阶段和消亡阶段。

大多数卖家的产品都处于竞争阶段，破局的方法有四个：一是打造爆款；二是增加产品线，扩充品类，布局好引流款和利润款，把利润最大化；三是从买家需求里挖掘更细分的市场，升级产品；四是抢 IP 跨界，代理有品牌但在这个品类还没有出现的产品，或者请明星代言增加卖点，保证利润更大化。

打造爆款的要点

前期的分析按照上述准备好之后，接下来打造爆款的方法主要有两种：一是淘宝客冲销量，二是推广。

闫石磊有个小技巧，每隔一段时间，他都会去看商品排行榜的数据，按增长率进行排序。通常增长最快的有两种情况：一种是通过活动首页进来；另一种是打造爆款，所以增长率比较快。

他会记录排行榜上产品使用的销售方法，然后复制别人的方法。这算是比较投机的一个方法。

此外，这里需要强调：打造爆款还要考虑到供应链、产品、视觉、团队和运营这几个方面。

供应链涉及成本控制、产品开发、库存风险和生产能力等，在这几点上，要做到自我预估和自我判断。

在产品上，要找准消费者需求，在满足客户需求的基础上，把产品综合实力做到更优。

关于视觉，只需要输入这个类目最热的关键词，然后定位价格区间，找销量好的产品，借鉴它的视觉图。

团队也是非常关键的，人才是一个团队发展的核心。团队的承接能力、岗位标准化建设、执行力和仓储都是需要优化的，一定要正视自己的不足，然后各个克服。

运营方面，主要是在运营、推广引流和活动策划方面找到自己的优势并扩大。

构建企业壁垒

在公司市场还处于盈利期时，一定要构建企业壁垒，不然很容易被对手超越。关于构建壁垒模型，有以下几种方法供大家参考。

1. 形成规模化

形成规模化的意思是占据更多的流量市场，拿到更多的流量红利，实现利润最大化。这里有两种模式：一是多开店，降低库存风险，拿到更多的流量；二是多价格区间布局，争取到更多的人群，这一点最容易实现。

2. 降低成本门槛

产品没有太大利润时，可以通过降低成本保证利润。

3. 申请专利

资源专利就是平台资源，如果产品能申请专利要尽量申请，这也是一个壁垒。

4. 注重品牌 IP

品牌 IP 有两种：一种是代理品牌，另一种是抢 IP 跨界。

5. 紧跟风口趋势

卖家要选择一个趋势市场，跟着主流趋势走，比如我们也可以做抖音、直播、内容营销、社区运营和京东等，不要局限于淘宝系。

6. 加强团队管理

团队管理也是一个壁垒，储备公司中层和高层人员，不断开拓项目，对团队进行标准化搭建。

| 蒋晖点题 |

闫石磊从快递行业转行到电商，并且把电商做得有声有色，非常厉害。

现在的电商拼的就是谁能先发现客户需求，抓住用户“痛点”，运用一定的运营技巧，把产品打造成爆款，然后占领市场。

在企业壁垒方面，闫石磊的分析很透彻。想要在市场站稳，就需要有一堵“墙”，让对手无法撼动。

运营店铺，做好这几点才能屹立不倒

闫石磊，“狮友会”成员，他阐述的打造爆款和行业壁垒构建方式，得到了很多卖家的认同。

产品升级创新是关键

最初选品时，闫石磊发现母婴行业下的产品关联性高，复购率高，客户后端社群相对好维护，是一个塑造淘宝品牌相对容易的行业，于是就踏入了这个行业。

第一年他们快速成长，主要得益于选品和产品升级。

产品的升级创新，常见思路是在市场需求和买家评价中寻找突破。而且必须具备发现新品的能力，当自己不具备这项能力时，就要在市场里进行选择。

他通常采用以下三种方法来寻找突破口。

（1）网上搜索类似款产品，然后让厂家按自己的需求做出产品，两方面共同推动进行销售。

（2）参加行业展会，从中挖掘创意点。

（3）寻找针对电商的优质供应商。

供应链三大能力

供应链涉及成本控制、产品开发和库存风险三方面。

1. 成本控制

成本控制是一个不断优化的过程，初期更要结合自身水平。自身出货量直接影响成本控制。

小型团队本身不具备较大竞争力去商谈成本，等店铺发展到后期，至少会有两家以上供应厂家制货、供货。随着销量和供应厂家的增加，成本自然会下降。

带着问题多考察产业带，避免遇到风险。因为生意好、销售体制完善的厂家不会愿意过多交流，带着问题寻找更有利于找到正确的供应链。

2. 产品开发

产品开发分为团队和供应链两方面。

（1）团队方面是指行业认知和痛点挖掘。

想解决痛点，首先要带着痛点来看行业中每个产品，以及竞争对手的店铺数量和布局。在观察自己所属行业普通对手、普通产品和普通商家的同时，寻找解决方案。

其次是紧盯有实力的卖家，观察得好可以获得产品的一手信息，有时这类商家会直接影响年度产品的走势。

（2）供应链方面是指找对供应商。

要找对供应商，不能找只会订单生产的厂商，而是要找有研发能力、能不断打样测试、卖高价高品质产品，同时自己能不断升级产品的供应商。

3. 库存风险

库存风险要结合行业经验、厂家生产和大盘预估能力，进行综合分析。

闫石磊认为利用行业大盘反推备货量，结合供应链生产和销量的模式会越来越难，现在大多是内容营销端口。

他们采用 ERP(电商管理系统)软件进行库存管理，效果非常好。

一旦产生库存，就要针对这一部分 SKU（一个产品单位，比如 iphone 11 绿色，256g 就是一个 SKU）进行降维打击或降价，及时消灭难售库存后，再根据不同时间段的售卖情况，结合行业大盘每年的趋势进行备货。

着手把握团队分工

闫石磊的团队主要分为运营部、设计部、产品优化部、仓管、客服和综合服务部。

客服部门的要求是转化率的第一名与最后一名相差不能超过 5%，如果超过了，就说明存在人为问题或方法问题，主管必须分析原因并上报。

在仓库发货方面，他们采用 ERP 完成自动化扫描发货，由于没有 PDA（自动拣货系统），所以需要进行二次分拣，将产品分类后打包扫码。每一步都做到全程监控，包装区根据快递单号设置为自动录像区，如果遇到包裹漏件或不匹配的情况，随时可以调出监控进行查看。

在管理其他部门时，闫石磊为了避免人员流动带来的影响，将部门进行细分，并告知每位员工详细的工作内容。

这样操作后，他发现员工独立解决问题的能力在减弱，员工虽然有能力，但一旦出现环境变化或有变化事项，就会跟不上节奏。

针对这些问题，他组建了学习型团队，开设团队学习培训课，同时对岗位进行标准化管理，设定日报表和计划清单。

日报表是每位员工每天需要观察和发现问题的岗位工作内容，工作清单是每位员工每天具体处理事件的时间安排。

两个表配合使用可以了解员工每个时间段分别处理的事情。此外，每天编写岗位日志也是必做任务。

创新和突破

闫石磊有两方面尝试：一个在品类，一个在管理讨论。

品类上，他尝试了多品类、多平台布局，开展了团队实践，由于其他品类还未形成较大的影响力，所以目前仍以几家天猫店铺为主。

他之所以尝试多品类、多平台布局，有以下两点原因：一是想在一个单一品类中立足非常难。二是一个单一品类长期发展也非常难，除非能形成壁垒。

在管理上，他在创新后已经取得了不错的效果，主要有以下几点。

1. 规定会议主题

之前没有规定会议主题时，汇报总结内容不够明确，所以现在的日会、周会都要规定明确的内容。

日会包括总结当天遇到的问题，针对转化率和点击率两个指标有做哪些提升，以及明日计划等内容。周会围绕部门考核指标进行，包括上周发现的问题、做出的改进以及哪些问题下周可以做得更好。

其实关注绩效对于员工来说是一个考核，但对于管理者来说，帮助大家提升绩效才是目的。

2. 敢言敢说，调动学习气氛

之前在提问题时，员工都没有意识到自身差距，反而归结于市场或自己努力之外的原因。在营造学习氛围后，大家敢于讲出自身缺点、公司深层次存在的问题，表达自己的看法，说明后反而更容易解决。

3. 一年两天开大会，分清权责

闫石磊在一年里选出两天，提前准备好话题，将十多位管理层人员调到租好的酒店会议室里，集中讨论，进行上半年工作总结和下半年规划。尝试后，团队部门管理层的出错率相比原来下降了60%。

会议中，团队会分清所有权责问题，每个部门针对所有负责事项进行汇报，梳理负责、配合和跟踪事项。这个方法使他们近期的效率得到很大提升。

| 蒋晖点题 |

一家店铺后期的发展其实就是团队、供应链和资源的平衡发展。确实，想要在一个单一品类下长期立足不容易，不少卖家也会害怕品类一直没有突破和增长。如果十分担心，就要花精力在电商社交上扩大圈子，结识更多优秀的人，改变思维，突破就不难做到了。

做好运营推广，态度比技术更重要

陈忻，“狮友会”成员，从事运营4年。主营母婴类目，负责一家年销售额2亿元的天猫店铺推广，同时还负责几家年销售额数千万元的店铺。

态度比技术更重要

“态度比技术更重要”这句话并不是鸡汤。

不少卖家或者运营者在推广时认为，只要投入资金就能挣钱，但投入大量资金，结果往往并不理想。想要成功推广一家店铺，态度端正、思路严谨和细节把控缺一不可。

陈忻从2015年开始接触淘宝，当时他主要做的事情，就是每天坐在电脑前，将所有数据打开，不断地刷新和测试，观察数据的变化和整体反馈，计算利润率等。

持续半年后，他摸索到了一些店铺的推广逻辑，再后来他用一年时间，成了年销售额上亿元店铺的推广负责人。

他把自己每天的工作总结为三个数字。

（1）“10”

每隔10分钟刷新各个维度的数据，包括点击率、转化率和每个词的点击量等。

（2）“15”

15张图，前面的4张图，他会在关键词稳定的情况下测试向不同方向推广产品，测试过后再看每个细节的卖点要求，不断提高点击率。

（3）“1”

每一天都要关注竞品的评价、“问大家”、页面和促销等信息，看是否需要做调整。

正是因为他端正的态度，才有今天的成绩。

店铺类型决定推广布局

严谨的推广思路同样必不可少，店铺的类型决定了推广的布局，不同的店铺对应着不同的布局。

1. 高复购、低毛利率的店铺

这类店铺可能比较偏向于食品类、快消类用品，如洗发水类的产品，复购率较高。

推广这种店铺，他会考虑付款人数，从销量、流量等各方面碾压对手。第一次卖可以不赚钱，甚至微亏，先增加流量，之后再继续做，但是这要根据自身情况考虑。

2. 高毛利率、低复购的店铺

这类偏向于购买后很久才会再购买一次产品的店铺，每个单品都可能要做推广、实时监控，在不同的阶段都要达到目标，从而确定单品可以赚钱，否则风险很高。

3. 强关联的店铺

强关联店铺是指在 A 店中买了某产品，可能还会买 B、C、

D 等店铺相关产品。

这类店铺适合采用以某一款单品或者流量款带动的运营模式，可能单品本身不挣钱。这样做，需要通盘考虑整家店铺的营销经费规划。

4. 弱关联的店铺

如果店铺不仅是弱关联，而且毛利率、复购率也很低，那店铺本身是有问题的。因为通常情况下，弱关联的店铺需要将单品做得足够火爆，基本要达到行业龙头，同时产品本身也要利润高，这样才能维持店铺继续推广。否则，投入越多亏损越多。

以上四种店铺的分类方式，决定了店铺的推广需要投入多少，也决定了店铺能承受的推广费用规模。

单品钻展实操细节

1. 营销场景设置

设置营销场景时，陈忻通常会选择自定义场景，而自定义场景又分为以下四种。

一是广泛拉新。他在选择营销场景时会选广泛、精准、触达和认知用户，而成交用户不选。

因为广泛拉新会罩在所有单品单元的最外层，它既是兜底，也决定了整体流量是否精准。

二是精准拉新。他在建立第二个新计划时会选择它，同样不选成交用户。

三是老客场景。只选择成交用户，但是成交用户并不一定适合所有店铺。

四是营销目标。

有时他会将四项设置进行组合。先全部完成勾选，再分为两个计划，一个促进购买，另一个促进进店。

2. 地域设置

设置地域时陈忻有三种策略：撒网策略（全部都开放）、转化策略（只开放相对精准的地域）和地区性超精准策略。

3. 时段设置

时段设置分为计划层面和单元。如果是计划层面，陈忻会将大计划分开做，小计划一起做，同时设定白天计划和夜间计划。

如果是单元设置，就需要从三个方向进行定向：智能、达摩盘和扩展定向。

智能定向主要是从低出价、高溢价和少定向三点考虑。

达摩盘定向一般要建立一个单独计划，先做精准拉新、触达用户、认知用户的场景，再单独测试达摩盘。

扩展定向同样建议单独建立计划，因为扩展定向点击率相对偏低。如果开得过多，但智能定向量又不大时，会影响整体计划的点击率，也会影响整体权重，所以需要单独测试。

建议达摩盘或扩展定向做得不好的普通店铺只开智能定向，这样能保证大部分客单价、转化率不错的店铺可以实现盈利。

4. 资源位设置

钻展资源位分为精准性和广泛性两种。

精准性一般只开“猜你喜欢”，通过不断上浮溢价，直到流量不再增长。他一般会先测试智能定向或“我的定向”的出价，测试后再逐步提高资源位的溢价。

5. 创意测试

创意的测试前期，无牛皮癣的创意更重要，等资源位通过后，直接上传的基本都能通过时，再添加一些带牛皮癣的创意。而“猜你喜欢”会更偏向点击率，所以陈忻建议尝试用买家秀测试。

| 蒋晖点题 |

我很赞同陈忻“态度比技术更重要”这个观点。

一个经验丰富，实力强的卖家，如果态度无法端正，不注重选款、测款等各个细节，认为自己实力强，随意做也能做好的话，他终究会失败。

而一个注重细节、做事严谨、积极学习的人，他的成长我们终究会看到。

如何在其他平台成功打造爆款

零度，“狮友会”成员，目前在拼多多有13家店铺，经营类目包括母婴、家居和服装等。他擅长通过流量池、用户裂变等手段打造爆款。

找准对手

说到打造爆款，大家可能对淘宝和京东比较熟悉，其实在拼多多上打造爆款也与之类似，都要找到竞争对手。

一个产品并不需要有多好，也不一定要非常完美，只要产品比对手有明显的优势，就能在后期超越对手。

那么首先就要明确自己的对手是谁。做一款产品时，不是所有做这个产品的卖家都是对手，一个产品简单的划分也有三个价格区间。只有在同一个价格区间，功能属性相似的产品卖家才是你的对手。

确定好对手，下一步就是抢占位置。这时候需要了解对手的上架时间、销量，看对手参加了哪些活动，知己知彼，才能战胜对手。

分析竞争对手不是一两天就能完成的，这需要时间，才能做到对竞争对手的情况了如指掌。

做基础销量

想要抢竞争对手的排名，前提是产品要有基础销量，后期才容易做活动，获得更好的销量排名。

比如，在拼多多平台上，产品想要报名活动，是有一定限制的。例如秒杀活动要求产品评价数在400个以上，对新品没有要求。

做基础销量的方法有很多，比如开直通车、广告推广以及找朋友做基础销量等。但也不是每个产品都要去做基础销量，零度认为这种方法更适合毛利率偏高的产品。

毛利率偏低的产品采用这种方法，很有可能会造成亏损。一般只在产品毛利率大于50%时，才会采用这种方法。

为了降低做基础销量的风险，要注意用安全性比较高的账号，这样才不容易出问题。

打造爆款的核心

打造爆款不仅是产品的竞争，还是资金和团队等全方位的比拼，想要获胜，一定要抓住打造爆款的核心。

核心在于知道自己产品的竞争位置，占领市场的目标份额。

确定好目标后，需要紧盯对手动作，实时监控竞争对手，再制定计划把自己店铺的直通车、引流计划和有效评价做上去，这样产品权重就会越来越高，转化率也会越来越好，参加活动的曝光率也会提高。

在打造爆款的时候，千万不要动SKU，但是产品的主图和详情页可以改动。

这是零度打造第一个爆款得到的教训。

之前有一款产品，他在4月7日开始操作，4月9日到4月

12 日之间，访客不断增长，商品排名也随之上涨，当然前提是基础销量比重比较大。

4 月 12 日之后，排名开始下滑。原因是他的助理动了产品 SKU, 这个产品的排名急速下滑，直接跌到 1000 名之后。

所以千万别动 SKU，否则宝贝会被拉入“小黑屋”。

|蒋晖点题|

打造爆款的方法大同小异，首先需要找到竞争对手，然后运用各种方法抢占对手的位置，只不过各个平台的详细规则不同，所以在方法上会有一点不同。

对于基础销量，我一直把它看作是一个补充手段，是锦上添花的一件事情。我也很认同零度的观点，在销量基础做好之后，还是要多依靠活动和产品本身去带动销量。

标品爆款，教你大品类如何抢占流量

若羽，“狮友会”成员，现主营个人健康护理产品。擅长标品类目的运营。通过搜索模型，取得更好的排名。

什么是搜索模型

互联网的流量增长普遍遇到了瓶颈，淘宝想要实现销售额持续增长，就必须利用好每一个可以利用的流量，因此有了搜索模型。

搜索模型的本质，就是通过技术筛选，把流量给那些产品质量好、服务体验好和回头客占比高的宝贝。想要做好搜索模型，最重要的两个方面就是“千人千面”和销量。

标品搜索模型打造法

这里主要针对彩妆护肤品类目，介绍如何去做搜索模型，其他标品可以借鉴，但是适不适合还需要自己考虑。

第一步，从销量排序入手，借助淘宝客等手段，保证第一的位置。一般这一波会战略性亏损几十万元甚至更多。

第二步，投入资金，用于推广、打造爆款。

第三步，需要用一些其他的途径去带动“坑位”。我们一般会通过手淘首页把销量做得很高，再继续跟进淘宝或者推广，只要转化率和坑产（坑位产品的简写，指单位展现量下所能成交的总金额）是合适的。并且符合主流价格区间，“千人千面”

也会在这时候做起来。

“千人千面”和销量两个排名都保住了，这个链接基本上就很难被撼动了。

保证销量排名靠前

标品类目，一旦销量排名很高，只要图片不差，点击率就会非常高。之后转化率慢慢提升，直通车和钻展也能越开越顺利，形成一个良性循环。

所以，保证销量十分关键，淘宝客推广是一个非常好用的方法。

假设一个产品淘宝客第一天冲 10 000 单，中间第五天的时候确认收货 3000 人，产品的销量排序就会慢慢上升，等到全部确认收货，正好达到销量第一。

不过，要多去分析竞争对手在什么时候会对应多少的收货人数，然后根据这个去做淘宝客推广，因为我们的目的是超过对手的收货人数。

有了销量排序，接下来看链接能不能做起来。这决定于产品的转化率、坑产以及是否留有价格区间。当然，还有一点，就是这时对手会不会反抗。如果第一名和第二名一直对打，会造成一种尴尬的局面，在大战中拖死对方。

抢“千人千面”推荐流量

想要保证“千人千面”，洗标签是其中非常重要的一个工作，做好销量排名之后就可以去开展，主要是使用推广手段来完成。

直通车和钻展是两个主要途径，可以提升链接的标签和数据量。通过对人群的重新定向、产品内容评价、详情页和赠品等的进一步优化，让数据更加精准。一旦坑产和转化率优于同行，“千人千面”的排名自然就做上来了。

如果产品的“千人千面”排名上升很慢，一定是数据出了问题，可能是定价、坑产或者转化率导致的这个链接数据不正常。

这时就需要把以前的包袱抛开，也就是要保证销量和综合入口这两个排名。不过，这里有两个前提，一是要有足够的钱去达到销量第一的排名，二是团队要有足够的运营能力去实现“千人千面”的排名。

所以，总体来说，想保住第一，需要花很多钱。

如果要用若羽的这个思路，我们前期至少要考虑好四个问题：全程需要的花费是否能接受；经营能力是否能和对手打平；是否能抗住这样的战略性亏损；对手有了反应，我们是否能及时找到应对策略。

|蒋晖点题|

在淘宝想要做大类目的大卖家，还是很难的，因为对资源的依赖度很高。

内部依赖淘宝活动、品牌提权，外部依赖淘宝客、资金和供应链。

策略对大卖家来说都是透明的。

我个人建议中小卖家创业，不要轻易选择这些大品类。因为要把这套操作得很熟练，既需要丰富的经验，又需要丰富的资源。

做好主图，让店铺的转化率提升两倍

唐鹏鹏，玩具类目卖家，有2家淘宝店铺和1家拼多多店铺，在产品开发和设计方面有比较丰富的经验。

产品升级制造亮点

目前店铺是唐鹏鹏和朋友一起在做。他们在选款时，会在生意参谋中的市场行情里选，看哪些产品搜索人气较高、潜力更大，当然也会亲自到工厂进行考察。

之后，他们会把这些产品亮点收集起来，朋友负责产品设计，然后找合作的工厂做产品。

他们还会视情况申请产品的外观专利和店铺卡通形象著作权，让同行不能随意抄袭。

主图策划拉开差距

他的产品能做到前几名，最主要的原因还是在于主图做得好。比如他的产品单价在100元左右，走的是中端路线，在主图上会着重突出产品的高端、上档次。

产品主图的第2、3、4、5张图，可以当作详情页来做。通过调查同行的评价和“问大家”，把客户最关心的问题整理出来，然后用图片去展示。

除此之外，他还将5张主图之一做成了买家秀的合辑。这样客户在浏览主图的时候，就相当于把主图、详情页和买家评价都看了一遍。

首图的视频他也在做，因为他们的主推包相比市场上大多数产品，优势在于功能升级上，而功能的表现可以通过视频去展现。

当然，详情页他们也没有忽略，会把客户关心的注意点在详情页上更加细致地描述出来。

通过对主图的改进，店铺的转化率至少提升了2倍。

售后服务要跟上

他们的目标客户大多为25～35岁的女性，客户群大多是在一、二线城市，为孩子购置玩具用品，客户希望得到更好的品质和服务。

售后服务是从事这个行业取得成功的关键，而他们的产品在品质和质保方面是远超同行的。

另一方面，他们也会用好评返现加微信的方式，把老客户加到微信里。平时会利用老客户进行补单，以及用投票点赞的方式来测款。他们偶尔也会在微信上做活动，比如做5折、3折的优惠等。

| 蒋晖点题 |

产品升级会带来一段时间的红利期，对于卖家来说，如果能抓住产品升级的机会，建立行业壁垒，做得会比较顺利。

当然，只是产品做得好还是不够的，现在的淘宝是图片为主的时代，一定要学会把产品的优势用最简洁有力的主图展示出来。

挖掘机会，小众产品两年销售额暴涨

贲乔晋，“猫课”16期学员，“狮友会”成员，目前主营日本美妆产品。通过对行业内现状分析，找到用户痛点，从而发现机会，实现销售额暴涨。

选好行业

贲乔晋在大学期间，一直在药妆店打工，对化妆品行业比较了解，积累了不少资源。这个行业进入门槛低，资金需求不大，对他来说，是很合适的一个选择。

从一些行业数据上来看，化妆品行业目前仍然处于红利期。只要跟随大流，基本每年利润都会增长。

所以在选择行业、类目的时候，一定要选择朝阳行业，不要选择夕阳行业。夕阳行业并不是没有机会，但是做起来会比较辛苦。

选好模式

每个痛点的背后有可能就是商业机会。贲乔晋现在做小众产品供应商，就解决了行业里三个角色的痛点。

（1）终端买家对于正品的需求。

（2）中间商、批发商对利润的需求。

（3）跨境电商平台对完整供应链路径的需求。

所以，贲乔晋现在的模式是通过发现好的机会，在海外找到供应商，尽量成为独家代理。通过帮助各个平台小卖家赚到钱，实现利润的长期保障。

选好产品

除了一些大的化妆品品牌，中小型企业生产的很多产品也是比较好的，用户对于这类产品的接受度也越来越高，愿意去尝试新的产品。这也是他看中的机会。

虽然他对化妆品行业比较了解，在选品的时候，依然采用在“猫课”里学到的数据选品，重点参照淘宝搜索和百度指数两个方面的数据，比主观判断靠谱很多。不过，这也只是第一步。

接下来他还会在现有粉丝池里进行小范围的测试，看看是否有真实的需求，并判断市场规模能有多大。

在前期这些分析工作完成之后，才会去谈代理，然后打造爆款，把产品供应给同行的其他卖家。

这样做的目的就是要确保他们的产品在功能、功效上可以满足终端用户的需求，从而保证批发商、中间商以及电商平台的利润。

找好代理

赉乔晋发展代理卖家的经验也非常好。他把找代理的过程归纳为抢占渠道和产品宣传两个部分。

第一条渠道，他从 2018 年 3 月份开始在淘宝引流招代理，类似于分销淘宝低价引流，双方谈成后发展成代理。

第二条渠道，针对代购这个行业的独特性来开展。代购们需要在线下实体店进行采购，所以赉乔晋采取的方法是针对线下的日本实体店，免费甚至是贴钱给这些实体店供货，虽然战略性亏损，但是可以抢占渠道。

产品宣传方面，在初期，贲乔晋会写两种类型文案。

第一种类似于招商文案，给潜在的批发商、中间商看，用投资的角度去教育商户，告诉他们能有多少利润。

第二种就是宣传文案，给微信代购看，用于复制、转发给他们的顾客。

等产品发展到一定阶段，这些代购就会自发写文案进行推广。各个渠道架构好之后，产品到底能不能爆，会有多爆，就交给市场进行反馈了。

通过全渠道布局，使得爆品能最大范围释放商业价值!

|蒋晖点题|

电商平台现在越来越丰富，取代了天猫、淘宝的单一化，是好事，中小卖家的机会也越来越多，这个机会可能是渠道，也可能是产品、服务等方方面面。

我经常说电商生意的关键是细分、冷门，这个思路可以用在很多行业。现在市面上大众产品的代购，做的人已经比较多了，贲乔晋从小众品牌切入，更容易避开竞争。

大牌男装转型电商，四招提升销售额

刘小明，某大品牌男装运营总监，“狮友会”成员，原“猫课”淘宝 1 期学员。

产品矩阵

线上主要定位是用于线下的清仓，产品大多是旧款。他首先调整店铺战略，增加销售品类。梳理产品，拆分品类，逐个定价格区间、材质、款式和人群等。

每一个品类再分为一级主推、二级主推、三级平销以及形象款。每一类人群都有不同款式、不同价格区间。先测试最优计划，再放大到每一个品类。

线下竞争是地段的竞争，线上竞争是单品的竞争。这是很多线下品牌转型时无法改变的思维方式。

原来产品的视觉效果比较板正，过于拘谨。先学习把市场相似品牌，类似款式按销量大量浏览对比，不断优化测试找出更优视觉表达。整体改进生活元素场景化，使视觉效果更加灵动，运用平铺、模特等多方位多角度展现。

全渠道运营

渠道上，全力配合各平台小二，获得资源位扶持。

在京东，要充分地考虑人情，小二和部门经理可商榷空间很大。

在唯品会，产品越拔尖，就会越得到配合和扶持。有档期得分机制和单品得分机制，高性价比产品售卖做到有足够的资源力度，销售好，触发机制，以获得更好坑位。

在天猫，参加超品日或者欢聚日。这类活动需要足够的品牌调性，文案足够好。能有天猫首焦或者通栏推荐，流量很大。

还有聚划算、淘抢购、内容运营的清单和有好货等都是值得拿下的渠道。

首次参加聚划算、淘抢购数据很重要，会作为之后的历史数据，直接影响后续报名通过率。多次高质量完成活动，可以拥有品牌团和主题团坑位。

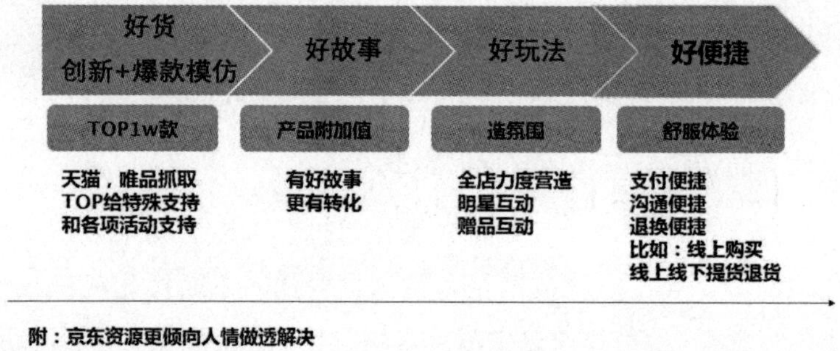

单品爆破

在矩阵产品的基础上，进一步精简细枝末节，找到自己的优势，占据各个品类尖货 TOP 位置，同时扩充跨境等渠道。天猫品类中 2% 的品类占据 60% 的品类总销售额。这 2% 的尖货会拥有“一刀切”搜索加权。

产品全盘布局，同时做关键词布局产品，用关键词占领豆腐块。每一款商品，要对应攻占几个关键词市场。

跨界学习

意识到内容运营的重要性，刘小明团队跨界学习了英氏育婴专家。首先定位选择行业人群。母婴用品是个足够大的市场，人群可以做到高溢价。其次抓住痛点。迫切需要专业的产前、孕妇、产后及婴儿的保养、护理等知识。

先学习专业知识，所有客服和运营人员，要事先考取母婴类相关资质证书。保证给顾客的每个建议都是实用、专业和个性化并且有效的。

客户的信任体验也会形成传播，口碑效应是最便宜、最高效的推广。

各个品类，一定有专业知识的分享，让顾客信服，从而留住顾客。不仅能促进消费，提升溢价，更能带来传播。

|蒋晖点题|

在我的印象中，大品牌男装转型互联网应该是挺容易的事情，但是看上去也经历了很多问题。

刘小明团队最终找到了围绕单品出发，搭建产品矩阵的经营模式。而他们在内容电商的大潮中积极转型，先卖知识再卖商品。这些理念，大中小卖家都应当学习。

线下、线上同步打造爆款的三个妙招

程文凤，“狮友会”成员，有8年天猫店运营经验，擅长竞品分析和店铺内功优化。

选品前的准备工作

首先定位市场框架，要做到心中清晰。可以用思维导图分析出经营类目下有多少子类目，对每一个子类目的销售占比情况，做到心中有数。

先有框架布局，再有针对性地找产品。这样，就能知道未来这个生意可以做多大。

其次是选品。尤其他们做的是线上、线下同款品牌。至少要调取线下门店一个季度的销售数据，看线下哪些产品卖得好。

线下卖得好的产品，线上也不会太差，这样就能大概判断出，每一个类目的爆款标准是什么。这样可以减少大量的测款时间和成本，而且准确率达到80%以上。

做好“内功”

1. 测图

前期不用太在意投产，唯一目的就是测试出超越同行的高点击量主图。可以拿同行卖得好的主图作为例图进行轮播测试，不断优化。

2. 标题

选取全网同质化竞品，近 30 天成交的关键词。求同存异，标题应最大化地覆盖所有成交关键词，如果字太多，标题放不下，也可以放在副标题、组图和详情页里。

3. 详情页

先抓取同行竞品中所有评价里中、差评和“问大家”的内容。用表格统计出来，分析导致中、差评的原因是什么。再有针对性地进行提炼和优化，总结到产品详情页面里面。

团队优化

客服是最先接触客户的，一个好的客服能做出比普通客服高出数倍的业绩。

在这个重要的岗位上他们采取了四种优化方式。

1. 灌输思想

每一个来咨询的客户，都是非常精准的客户，因为想买，所以才来咨询。

2. 激励制度

成交额最高的客服，询单转化率最高的客服，都会有奖金激励。

客户拍下，超过半个小时未付款的订单，客服要打个电话过去，催付成功的订单客服都有奖金。

3. 酌情让利

以成交为导向。犹豫的客户有时候就差临门一脚，所以要给每个客服一定的让利权限。公司还设置了一些有价值的赠品，因为在标品类目中，比的无非就是销量和价格。

4. 总结学习

每天要求客服主管统计出所有单品的咨询人数、客户主要咨询问题是什么等要点。

所有人一起参与讨论：怎么争取到客户？为什么没能把客户留住？共同分享、总结出最优的回答方案，一起学习，共同进步。

5. 店铺尽量做到零维权，零介入

开门做生意难免遇到个别的奇葩客户，不要在乎这些细节，吃点小亏是福，毕竟公司放眼的一定是更大的市场。保证足够的好心态，那些负能量的东西，自然会为你让道。

| 蒋晖点题 |

程文凤是“狮友会”里年纪稍长的女性。

她辞去安逸的工作，三次创业，砥砺前行，在电商运营打法上稳扎稳打，也许这就是电商的魅力。

打造爆款的详细流程和后期优化方法

李先生，“狮友会”成员。主营户外运动和基础建材类目，目前有4家天猫店铺和3家京东店铺。擅长把握打造爆款的节奏，在不依靠货源优势的情况下，成为类目TOP1。

打造爆款整个流程

打造爆款主要有两个前提：一是把握好时间段；二是分析市场行情。这两个问题解决之后，就可以开始做样品、拍图、上架了。

因为李先生卖的是标品，所以其他商家卖得比较好的产品，他也会上架，没有太多的测款。产品上架后，用螺旋做基础销量的方法操作，一般7天左右爆发，达到行业均值。

假设行业均值70 000元，那么在第7天的销售额就要达到70 000元，第6天比第7天少30%，其中在第4天和第2天是翻倍的，这两天都必须比前一天增加一倍（第4天比第3天增加一倍）。在第7天达到平均值之后，后面30天慢慢成为行业优秀。

第1天上架，商品销量一定要破零。第2天开始开直通车，直通车可以设置每天固定100 ~ 200的流量，选择效果好的精准词投放。

第2天或者后面几天，开始有了销量，就安排身边的人去“问大家”提问，最好把提出的问题记录下来，因为“问大家”是匿名的，后期有问题方便联系删除。

除了直通车，李先生还会在相关产品的详情页推广新品，以及在微淘、微信发朋友圈进行宣传，这样也能为新品带来不少流量。

打造爆款的一些细节工作

想要成功打造一种爆款，必须注意细节，可能一个地方没有做好，就会导致这个爆款打造不成功，最后不仅费钱还费精力。

在用螺旋式方法做基础销量时，如果商品的转化率很高，并且没有达到目标销售额，可以适当补一个大单，降低转化率。

新品开直通车有一个比较取巧的方法，就是借用之前产品里效果比较好的词，可以确保投产好。

如果直通车的投产不好，可以在做基础销量的时候通过直通车成交几单，这个问题还是比较好解决的，不用太担心。

新品前期可以通过增加基础销量获得更高流量，后期还是要把重心放在商品主图和详情页上。

优化产品细节，面对价格战

标品因为款式差异不大，所以价格竞争激烈，利润不稳定。李先生团队在打造爆款的过程中，主要从产品细节入手来应对价格战。

（1）调整名字。对手和他们同时在卖同一款产品，因为价格都压得很低，所以他就采用了这个方法。

对手的产品有豪华版和尊享版两种，他就把对手的尊享版改成他们的豪华版，对手的高配版在他们这边是低配版，在名字上区别开来。

（2）对产品外观改良。因为很多买家不懂商品的配置，只能通过名字和外观来区别产品，所以产品外观上也要及时改良。

（3）选最好的主图。因为标品除了价格就是流量的比拼，所以想要吸引买家，主图很重要。

最后，给大家分享一个实用的方法，就是SPUID(标准化产品单元)，这个可以看竞争对手单个商品的数据，但是只适用于查询天猫店的大部分类目。

操作流程是：电脑登录淘宝，点开商品，在主图下方可以看见5张主图的位置，在中间的位置单击右键，用浏览器查看源代码。再按Ctrl+F,出现搜索框，输入SPUID，搜索之后会出一串数字。复制这串数字到生意参谋分析产品详情里，点到页面后，在地址栏里把最后的“-1”删除，再复制数字，然后按回车键，这样就可以查到这个产品的具体数据了。

| 蒋晖点题 |

打造爆款，我一直认为这是做好淘宝非常重要的一个方法。

强调两点：一是前期一定要确保单品有成为爆款的潜质；二是尽量不去做大爆款。

在阿里巴巴打造店群矩阵的盈利秘诀

柳小天，擅长各渠道店群操作。他拥有阿里巴巴店铺32家，京东店铺3家，天猫店铺3家，淘宝店铺8家。各渠道均为领先卖家。

哪些产品适合阿里巴巴

具有批量产品定制、工厂生产以及高复购率等属性的产品更适合阿里巴巴，比如班服、包装袋和包装纸盒等。这类产品企业客户比较多，起订量大，客户比较精准。毕竟企业客户对于这类产品的认知更倾向于阿里巴巴平台。

阿里巴巴特点

淘宝上不同类目的竞争环境不一样，其实同类产品在不同平台的竞争环境也不一样。有些产品的第一阶段，更适合在阿里巴巴平台。

阿里巴巴的特点：

（1）入驻门槛低。个体工商户，自己的公司，朋友的公司（操作比较简单，不需要利用他的任何对公账户）都可以直接注册；

（2）运营操作简单；

（3）基础销量比较容易打造；

（4）比较容易垄断细分行业这个渠道。

打造店群矩阵的操作

前期需要对产品做市场分析，包括市场份额、竞争度和利润率等。阿里巴巴参考数据比较少，主要是阿里指数。如果某个产品在阿里巴巴上有需求量，利润不算特别低，并且有一定的工厂供应链优势，就可以做。阿里巴巴有三要素：价格优势、供货能力、大订单销售能力。

布局店铺要依据自己的情况而定。比如柳小天公司的操作：公司几十条网线注册多家店铺；差异化上传宝贝；前期的优化工作类似于淘宝，做好标题、主图和详情页等。前期做基础销量，尽量保证做到平台产品按照销量和销售额排序能出现在前十左右。只要价格有些优势基本上就能出单了。

沉淀老顾客

注重维护老顾客。如果产品复购率高，哪怕利润不算高，也非常适合阿里巴巴。因为客户需要产品量级比较大，一旦一次成交，哪怕前期不赚钱，后期也可以积累到微信群进行维护。顾客后期需要产品，一定会第一时间考虑到你。所以柳小天团队的每个客服都随身携带一部手机，保证 QQ、微信在线，让顾客需要的时候随时都能联系到。

珍惜每位客户。在淡季的时候，老顾客的成交份额能占比 50% 以上，利润率相对比较高，维护成本很低。

在阿里巴巴做到最后，会有越来越多的老顾客沉淀下来，会越做越简单。这个时候再去考虑淘宝等其他平台。而阿里巴巴作为强大的后盾，无论从资金流、产品成本、团队基础和开发优势等方面都是很强大的支持。工厂优势能很好地体现，淘宝方面的订单量会更大、更多，哪怕是明显的薄利，也能生存下来，这时候淘宝就可以反哺阿里巴巴。

运营者思维是只抓核心

掌舵人做最简单、最核心的事情，尽量不要让自己太累。现有的东西稳定了，可以多思考，打磨一下产品，进行市场消费升级。尤其是利润率比较低、格调不高的产品，要考虑优化。

如果能依靠现有的供应链或者自己的工厂，多开发好的产品，比如高客单价、高利润率、最后能形成品牌的产品。按照一个小分类做下去，公司会更优化。

如果是京东小类目，有了供应链优势以及成熟的团队，那就把京东店开好，产品做好。子账户给现有的客服，基础销量优化外包，然后就可以坐等赚钱。

做老板千万不要想着什么都自己干，一定要抓核心。

|蒋晖点题|

阿里巴巴的运营比淘宝运营要简单很多，如果你懂淘宝，同时你的产品适合在阿里巴巴做，那么可以考虑B2B的运营思路。

电商其实就是好产品与好渠道匹配的布局。

每个人的生意不一样，就像我们“狮友会”的目的：每个人可以跨界学习各种生意玩法，同时也能在自己的领域找到三五好友进行深耕。

一线老人鞋品牌的天猫店铺如何运营

廖道成，“狮友会”成员，国内一线老人鞋品牌电商运营总监。

挖掘蓝海细分

任何生意的成功，都是基于对细分市场洞察的成功。

廖道成选择的老人鞋品类正是如此，这是他们几年间成功的根本原因（如果放在另一个没有成长的大行业，运营能力再强也做不到）。

首先定位蓝海细分。做市场调研，找一类人群，挖掘他们的细分需求，找出目前市场上满足这些需求的商品，可以提出哪些改进意见，或者他们希望的更好的产品是什么，挖掘更深的需求。为了做好这个产品，廖道成花了很多时间到线下去调研：老人买鞋更多关注什么？

做到压倒性优势

在一个竞争激烈的市场，只有产品的优势是不行的。

廖道成知道这个品类的竞争会非常激烈。因此，他除了针对产品本身进行优化外，为了能在网上形成更强的竞争优势，他们还投放了不少线下媒体广告。

线下媒体广告，除了帮助拓展线下的知名度，也帮助购买者做出了判断：廖道成团队是最成功的老人鞋品牌。

他们在线下报纸、影视媒体上小规模投放广告，根据数据表现，不断拓展，后期大量投放邀请当红的符合品牌定位的明星代言。

一个品类如果在早期表现出极大的潜力，那么这些投入是极具性价比的，因为对手不可能这样做。这样的运营，可以使得产品在竞争中拥有压倒性的优势。

店群管理

为了能在线上占领市场，廖道成开了很多天猫店。为什么要做店群？因为每家店的流量都是有上限的，店群的目的是最大化地吃进淘宝能给的流量。

为了能做好店群，廖道成把团队分为九大部门，分别是总经办、运营小组、推广部、新媒体、数据中心、设计部、行政部、客服部和仓库部。

要做好店群的管理，一定要了解小组制经营模式。

小组制

廖道成团队的小组制分为：京东、天猫和C店。根据店铺层级和人才的层级进行分类分配。比如天猫组分为：组长、推广专员、活动专员、数据分析和基础优化；C店组分为：组长、推广专员和数据分析。

由于店铺多，分组多，再加上产品相对单一，小组为了业绩，在推广上就会狠下功夫，尤其是用直通车保证首屏呈现，导致内耗严重。针对这种情况，他们主要采取了三项措施：

1. 将推广部门独立

在管理模式上，各组组长属于推广部管辖范围，由推广部统一分配调度。数据分析中心每天都有数据分析会议，推广部门实时给出调整计划。这样，推广就可以有效协调，不至于使店铺之间存在矛盾。

2. 采用新模式业绩考核

考核按照70%的销售业绩加30%的计划执行的形式来落地。其中计划执行就是考核小组是否按照数据分析中心给出的计划落地实施。

3. 直通车差异化

直通车投放上注重类目划分，建立词库、划分关键词、创意风格差异化和人群细分定位。也就意味着，虽然都是做老人鞋，但是不同的店铺定位的人群是不一样的。这样有效地避免了直通车大量出价的内耗。

借力钻展

思路决定出路，任何推广工具的使用，不全是以盈利为导向。可以利用达摩盘做好钻展，筛选、组合出当下最适合自己店铺的人群标签。

廖道成团队有三种定位及拉新手法：一是价格；二是功能；三是品牌。

保证产品定位的价格、功能和品牌，没有更强大的对手，并且在广告图片上突出优势。三种定位，分别用三种策略吸引了不同的人群。在投放上要灵活把控，注意区分以下几点。

1. 精准投放

针对精准人群，快速获得人群的大流量。

2. 均匀投放

当针对目标人群数量比较大时，只获取每一个时间段的人群数据。

3. 智能投放，单品推广

类似于直通车定向投放的功能。

场景定向：定位人群购物行为的选择定向，比如收藏、加购物车和成交人群。

访客定向：针对不同端口、不同人群、不同店铺和不同App进行投放。

钻展投放，需要对目标客户有精准的识别，建立各种组合方法。比如有10种组合，针对每种组合来测试数据，从而留下有价值的组合。

|蒋晖点题|

一家公司要想高速增长，必然经历一个趋势上升的风口。所以，我常说：选品是经营的核心，细分是选品的核心。

大品类到底使用怎样的经营手法才能越做越好？核心在于：多店。

每家店铺采取更细分的引流方法，从而汇集在一起，达到整体流量的最大化。

淘宝入门，从白手起家到开 13 家店铺

陈武青，“狮友会”成员，主要做手表和雨伞两个类目。

创业为什么选电商

首先，陈武青的创业动力是为了一个女孩。他对那个女孩一见钟情，但是因为自卑，没有把恋慕之情告诉对方。

其次，他的创业动力是因为一辆车。有一次，他看见一辆保时捷帕拉梅拉，车主下来后，他发现是自己的一个同学。他心理落差很大，于是果断辞职，准备去大城市发展。

2012 年的 10 月，在机缘巧合下，他进入了一家电商公司做客服。他敏锐地发现了老客户的价值，但是在公司却无法大展拳脚，就离职了，准备开一家天猫店铺。

父母听到他要创业，表示支持，给了他 83 600 元。这笔钱，给了他很大的压力，同时，也给了他很大的动力。他立志一定要成功，赚很多钱报答父母。

加上积蓄，他一共凑了 120 000 元，这是他创业的第一笔资金。

如何寻找货源厂家

前期出来单干，货源应该怎么解决？陈武青的方法是做前公司的代理。

当时，他要求公司提供精美的产品图片，而且他争取到延

后半个月结算货款，让自己有了一点喘息的时间。后期，他才慢慢地找厂家合作。

如何寻找厂家？

陈武青一般会去生产聚集地找厂家，在这之前会先在阿里巴巴平台看款式，看好款式之后就上门谈，最好再实地看一下是否有合适的。

在谈判时，淘宝卖家会展现自身实力和运营思维，如果厂家和卖家的认知一致，态度也很好，后面就很好谈。

供货的价格主要根据同款爆款和市场定价，再结合预估操作成本进行推算。

一般来说，厂家会吹嘘自己给哪些卖家供货。卖家需要收集这些信息，作为去下家工厂谈判的资本，最终货比三家，确认最后的合作对象。

敲定最终的合作对象，除了考虑价格，还要考虑产品质量、款式的更新能力、厂家的备货能力和货款优惠。做不到的厂家，他一般是拒绝合作的。

如何降低库存风险

做生意最怕压库存，陈武青主要从两个方面进行控制。

1. 源头工厂

他的手表是在广州进货，比较方便。

一般不热门的款式，他都不会压货，而是等顾客下单后再去进货。

爆款的产品会压一个星期左右，他会每个月和厂家确认本月的生产数量。

2. 资金规划

很多电商卖家到了年底，现金都不够结清厂家货款。

根据这一点，他给出一个建议：每个卖家都做日利润和日人工开支的统计。

如何有效管理客服

他总结了团队做到类目第一的原因：首先，资金运转健康；第二，转化率做得好。而转化率做得比竞争对手好，除了在主图上下功夫之外，重心就在客服。

客服工资构成：底薪 + 提成 + 指标奖金。

客服考核指标：转化率。

转化率 50% 以上奖励 1000 元，60% 以上奖励 2000 元，70% 以上奖励 3000 元，这样客服目标更清晰。

另外，客服在运营上有很大作用。比如待付款催付，咨询后不回复的客户和售后问题客服都会引导对方加微信沟通。这样积少成多，权重就会增加，首页展现的机会也会变多。

注意店铺运营细节

细节决定成败，他当时之所以能击垮类目老大，做到第一，就是在细节上下了工夫。

（1）内心要稳，别乱动主图和详情。

（2）每天计算竞争对手的数据和坑产。

（3）不要意气用事，更多地注重内在的东西。

（4）在竞争过程中不建议换主图。陈武青之前试过，换主图后流量一直掉，转化率也受到了影响。虽然有的人换了之后没事，但还是看概率。

展现、点击和优化

卖家必须要明白这三个淘宝运营逻辑：如何获取展现机会？如何获取点击率？如何提高转化率？

其实展现有很多渠道，比如直通车、钻展和站外平台，或者通过冲销量获取关键词的展现机会等。

关键词展现很关键

冲销量，先做关键词排名才会有关键词展现、点击、流量和权重，才能有成交。

首先，找到竞争对手，也就是大家所说的“竞品”，然后从两个角度进行观察。

（1）看“生意参谋”里的10个关键词搜索流量情况。

（2）看每天付款人数。

有两点需要注意。

首先，分析竞品，刷大词要慎重。这是为了方便辨别哪几个关键词能带来展现机会，可以参照竞品的数据来进行操作，快速获取关键词展现。

建议开始不要刷大词，因为转化率不高，而且排名难抢。可以先刷长尾词，等大词的流量慢慢进来，再去完善。

选择长尾词，有三个标准。

（1）属性匹配度要比较高。

（2）搜索词在生意参谋里面排名要在前 20 位。

（3）转化率高的优先。

其次，别低头，日坑产会掉，对手会笑！

看每天付款人数是为了方便算出我们的日坑产，然后将坑产分配到每一个关键词。

注意，前期坑产一定要越来越好，递增可以平稳，但是不能掉。坑产可以根据不同的类目去定，但一定要平稳上涨。

前期做坑产叠加，等有流量进来了或者有大流量之后，一定要稳住平均转化率和坑产。

建议如果有生意参谋，尽量每天去看 30 天内搜索流量能起爆的链接，并且收集起来，然后分析它为什么能起爆。这有助于卖家发现并解决自己链接的问题。如果实在分析不出来，就直接模仿对方的数据去做，因为它的数据一定是迎合了淘宝的搜索系统，所以才能起爆。

做好主图才有流量

淘宝不会主动给流量，只会给展现机会，客户点击之后才会形成流量，所以主图的点击率变得格外重要。一张好的主图决定了流量，而好的主图各有千秋。

判断主图好不好，有一个高效率的方法：直接拿已爆的竞品主图和自己的主图一起放在直通车测试，点击率高于竞品的就用，低于它们的就继续完善、测试。

假设，补单这方面你补得很好，关键词也选得很好，可以获得很多展现机会，点击率有了，流量进来了，下一步就进入转化阶段。

提高转化率的六大维度

从产品、视觉、评价、“问大家”、详情和客服 6 个维度分析，如何提高转化率。

1. 产品

注重产品微创新。作为一名运营，需要有产品款式思维，因为一个转化率高的产品不需要过多的操作和技巧，它也能爆。

作为运营，每天都要想能不能在已有的爆款上增加或者减少一些元素，使其成为爆款。

最后，陈武青总结了两个核心方法：一是简单的东西复杂化，复杂的东西简单化；二是和市场形成差异化。

2. 视觉

陈武青团队曾经在视觉上进行过突破。之前他们的产品转化率非常稳定，后来慢慢下滑。经过调查，才发现是手表详情页的图片 3 年都没换过。

于是，他建议团队去看别人的店铺是怎么做的，或者去其他平台了解是怎么拍图片的。学习后，团队在产品视觉上做了改动，转化率瞬间就提升了。

3. 评价

首先，在上链接的第一周或者前十天，只做评价，晒图内容全部用超漂亮的帅哥、美女图片，但是不要给别人图片很假的感觉。

然后每周上 20 个超级好评，弱化差评对店铺的影响。

4.“问大家”

陈武青团队经常会去“问大家”里面提问，尽量用幽默的语言，目的是弱化枯燥问题对客户的影响。

5. 详情

对于详情，陈武青的追求有两点：一是风格化，二是图片不要太多，要简单突出卖点。

6. 客服

客服是重中之重，有一些细节可能会帮到大家。

第一，重视“待付款”。

第二，咨询单未付款，在车图里面能调出来，每个客服都给客户发一条短信。

另外，如果客户 3 ~ 5 分钟不回复，就放弃，不要再争取了，因为未回复的待付款和咨询单再成交概率很低。

运用这个方法，主要也是为了提高转化率，等后面流量增加了，就可以慢慢减少使用这个方法。

不要裂变老客户鱼塘

吸引老客户，自建鱼塘的方式一定要有特色。

比如返现卡制作要别致一些，让客户有扫码加微信的冲动。

不过，现在很多人不看返现卡了，最好再贴一个二维码形成二次曝光，这样客户加微信的概率会更高。

客户因为领红包或者好评返现加了你之后，先把红包返给客户，接着发信息询问是否可以帮忙冲销量，会有可观的佣金。一般激活率能达到50%，甚至60%。注意，老客户不要去裂变，否则就会流失。

另外，在审核的时候，一定要一人一机一号一订单，备注好。这样“鱼塘”才够干净，也会更安全一点。

总之，电商路很漫长，不能以为做好一点就会成功，也不能因为没做好一点就气馁，这需要坚持和魄力。

|蒋晖点题|

陈武青的很多小技巧虽然简洁，但是很有力。比如客服的薪酬设置和考核，降低库存，通过厂家的资金实现资金周转，一箭三雕，给我耳目一新的感觉。

陈武青最大化利用竞争对手的成功经验，我也很认同。这些地方我们做得不比同行差，甚至更好，再通过运营把这些东西放大，就会容易吸引顾客。

手淘搜索新玩法，轻松获取免费流量

寒羽，“狮友会”成员，主营生活电器、汽车用品和数码配件类目，还经营多个冷门的小类目，擅长研究电商平台的搜索规则，从而获取免费的搜索流量。

搜索展示价的概念

在吃透规则的基础上研究做法，做起来会更容易。

这一套做法更适合标品类目，即以运营导向型为主的产品。这里主要介绍手淘的三部分内容：（1）手淘搜索权重解析；（2）手淘搜索权重分配；（3）实时赛马机制。

搜索展示价是什么呢？打开手机淘宝搜索关键词，会出现很多产品和价格，显示的价格就是搜索展示价。

在操作一个链接时，可以给这个链接设置一个合理的价格区间。

怎么确定合理的价格区间呢?

第一步，准备几部手机，用不登录淘宝账号的形式分别搜索类目下的热词和大词，按照综合排序，把TOP10商品整理出来。

第二步，在生意参谋里把10个商品添加竞品关注，根据竞品数据，分析获得手淘搜索流量最高的商品，看它们的搜索展示价区间。

注意在整理综合排名TOP10商品时，要去除销量排序因素。尽可能地把销量很高的商品挑出，再把销量排名在第四名之后，但是综合排名非常高的TOP10商品挑选出来，然后添加到竞品关注。

手淘搜索展示价小技巧

单SKU的商品：一般通过使用优惠券或者满减方式，降低商品的实际成交价，但是商品满减之前的价格又处于能拿到综合排名前几名的搜索展示价区间。

不管使用满减方式还是使用优惠券，最终的成交价格不能低于搜索展示价的五折。

多SKU的商品：如果用淘宝或者天猫的官方折扣工具打折，那么产品链接的搜索展示价就是所有SKU里折扣后最低的那个价格，不是按照商品标价显示的。

针对这种情况，有两种解决方法：（1）用淘宝第三方折扣工具；（2）设置多SKU商品时，不用直接改价的折扣工具。

手淘搜索的核心权重

手淘搜索的核心价值就是曝光价值，即展现价值。

曝光价值 = 点击率 × 转化率 × 客单价

1. 客单价权重

在合理范围内尽可能提高搜索成交的客单价，更好地保证综合排名。

比如，单SKU的商品，让客户不要用优惠券，按照原价成交，提高客单价；多SKU的商品，则让客户拍最贵的；特殊类目的产品，可以通过增加件数，提高客单价权重。

2. 转化率权重

重点是转化率要稳定高于同行，如果商品点击率高，只需要补高转化率；如果点击率不够高，在保持一定转化率的前提下，要先补充搜索点击流量。

3. 点击率权重

重点是要确保产品的点击率比同行高，当你和同行的位置差不多时，产品有同一个关键词，但是你的流量比同行少，就需要补充和同行差不多的流量，使点击率超过他。

另外，要多关注在热词下和你的位置相近的商品，分析他们获得流量的强弱，如果比你强，就需要补充流量。

手淘搜索的权重分配

明白手淘搜索的权重分配原理，有助于卖家在后期做类目关键词的布局。

首先，关于搜索的基础权重，一个类目下大爆款的标题是由多个关键词组成的，随便搜一个关键词，这个爆款链接都会排在前面，即使这个关键词之前没有成交过。因为它是类目大爆款，所以搜索的基础权重高。

搜索的关键词权重究竟是什么？每个类目中，综合排名靠前的爆款大多是靠关键词权重进行较量的，因为不同关键词的搜索展示价门槛和曝光价值权重的高低都是不同的，而爆款的标题覆盖关键词基本是一致的，所以前几名的排名相差都不大。

如果想要更多的流量，就要提高类目大词的曝光率，如果想要转化，在流量进来之后，就需要分析哪些词的成交量更多，补充一些转化率。

实时赛马机制

操作综合排名的商家肯定知道，每天不同时间段搜同一个关键词，展示的排名是不同的。

出现这种现象，是因为手淘搜索根据每小时的曝光价值，在对商品的排名进行赛马。对于补销量的小伙伴们来说，要尽可能地保证每小时有足够的曝光价值。

针对有条件补销量的小伙伴们，可以在每天0点~1点之间把一天的补单预估量的10%~15%补上，这样早晨的排名会比较稳定。这也是经过多个类目测试，验证确实有效的一个技巧。

| 蒋晖点题 |

卖家需要提升的能力有很多，其中就包括熟悉淘宝各种免费流量渠道的规则，尤其是搜索和手淘首页的规则。

因为淘宝平台的付费流量都是无法直接盈利的，都要靠付费流量转化出来的产品权重，从而获得更多的免费流量盈利。明白了各种渠道的规则，就能更清楚地知道如何去布局。

推广实操篇

四个技巧抓住直播红利，利润翻一倍

王心怡，“狮友会”成员，目前有两家公司，一家主要做淘宝、天猫店铺；另一家主要给品牌方提供拍摄、设计、运营推广等服务，在直播方面经验丰富。

技巧1：卖家自己直播

淘宝商家的直播还有很大的利润增长空间。

王心怡建议卖家选择自己直播，不建议找机构或者达人代理。主要有三个原因：

（1）机构或达人直播的流量不精准，客户都是冲动购物，退货率高；

（2）机构或达人直播的成本比较高，自己培养的主播更便宜。三四线小城市，公司一个月花4000～6000元就可以培养一位主播；

（3）机构或达人直播可能同时推多家产品，你的产品很难售出。

而商家自己直播，最大的一个好处就是流量会很精准。因为不同类目的直播是在不同频道出现的，客户来到这个直播间，很大程度上是有兴趣或者有需要才会点开直播。

虽然新开的直播间没有浮现权，但通过轮播展现机制，还是有机会出现在手淘首页的。

技巧 2：弄清楚直播规则

选好主播并且布置好直播间后，下一步就是正式直播了。在直播之前，下面这些规则必须要知道。

1. 封面图

封面图有两个尺寸，一个是 750pt × 750pt 的正方形，用于频道内的展现；另一个是手淘首页的长方形展示图片，这个展示图要求长宽比例为 16 ∶ 9。

注意事项：

（1）封面图要美观，图片上不得出现文字；

（2）封面不能使用网红或者明星的图片，除非他们本人会出现在直播间，或者有该网红或者明星图片的版权；

（3）封面内容和标题要一致。

2. 标题

标题有字数限制。

此外，直播标题中不要有任何利益折扣，并且产品标题一定要跟封面保持一致，千万不要出现标题写的是小个子穿搭，但邀请的模特都是身高 1.7 米以上的现象。

3. 直播内容简介

直播内容简介的作用是解释标题，比如直播的标题为某网红仿妆出镜。

在内容简介中，可以介绍某网红毕业于哪所学校，录过哪些综艺节目，她的视频获得多少点击等。介绍完嘉宾后，再把仿妆过程中会重点推的产品介绍一下。

除此之外，还可以重点介绍一下有哪些直播福利，比如点赞到达某个数，有五折优惠，整点有支付宝红包等。

4. 直播流程

直播的流程一定要提前规划清楚。

比如，一共直播美妆三个小时。第一个小时介绍底妆；第二个小时介绍眼妆；第三个小时介绍口红或者化妆技巧等，这样整个活动的利益点都会非常清晰。

技巧3：直播细节、注意事项不能错

直播之前，有一些小细节要注意：

（1）直播环境要明亮，昏暗的环境很难获得流量；

（2）直播时，商品不要随意堆放，那样会显得非常凌乱，最好有大衣架，把衣服整齐地挂好；

（3）直播宝贝好评率必须在98%以上，直播的店铺评分要在4.6分以上，并且DSR（卖家服务评级系统）不能全线飘绿，这样更容易获得流量和权重；

（4）直播设备最好选择电脑，因为手机直播的声音比较差。再额外购买直播的辅助工具，主要有三个：一是麦克风，可以让主播的声音更清晰；二是美颜灯；三是摄像头，因为电脑自带的摄像头在直播时很容易延迟；

（5）电脑直播时，屏幕右上方会出现信息卡，可以把主播的信息填写进去；同时，在第二栏会有一个轮播设置，可以设置优惠信息；

（6）设置直播间的福利。可以在后台的权益中心，找到对应的福利设置，设置好时间和数量。

技巧4：如何高效通过审核

正式直播前要提前一天发布直播预告，官方会进行预审。

直播预告最好在下午4:30前发布，预审主要看直播的标题、内容简介和封面是否符合直播要求，审核通过才可以进行直播。

在正式直播的时候，前10分钟至关重要，它决定了店铺流量能否达到最高值。

小二会进入直播间观看，如果小二认为主播讲得很吸引人，就会把直播投放到公域流量中，吸引更多新粉丝。

另外，直播过程中不要说脏话，不要谈论敏感问题，触犯法律的事情不要做。

至于直播时间的选择，虽然晚上20点～24点是直播的黄金时间，但不建议小商家在这个时间段直播。因为大V也会选择在这个时间段直播，竞争太大。

作为小商家，选择更好的直播时间，需要做到以下两点。

1. 避开直播高峰期

早晨直播也是很好的选择。

有段时间，每天早晨五六点，王心怡都会去一个主播那儿看直播，因为主播讲话非常搞笑，她也经常在他们家购买产品。

2. 直播时间更长

小卖家想要选择高峰期直播，就需要把直播的时间拉长，比如从晚上18点开始，一直播到凌晨24点。因为直播时间越长，所累计的直播间权重就会越高。

| 落晖点题 |

前段时间，我和“狮友会”里面做直播的玩家聊过淘宝直播的发展，得出一些结论：

（1）直播未来会占有淘宝10%的销售额，算是有潜力的流量渠道；

（2）有精力的店铺都可以配自己的主播，每天保证14小时直播时长；

（3）可以把直播安排在线下店，主播就是营业员。

对于有能力并且产品也比较适合直播的卖家来说，直播可以尝试一下。

教你如何做直播，销售额日增数万元

饰品Ka卖家，创业3年，他抓住淘宝直播免费流量红利，让店铺日销售额增加50 000元。

选择直播的原因

做淘宝直播最大的好处就是流量免费，就算店铺和直播间的销售额相同，利润也是不同的。

店铺至少要投入成本20% ~ 30%的资金打广告，但直播间不需要。现在直播的类目越来越多，几乎覆盖了全部的类目。

现在天猫店铺可以直接开通直播权限，也推出了客服直播，每个客服都可以现场开直播间。

以社交属性为主

为什么很多天猫店铺和重点商家的直播做不好？因为大家都是用淘宝系店铺的方法去做直播，而没有将它当成一个社交平台。

淘宝直播是借鉴快手等直播平台的玩法，加入了商品这一属性，既可以看直播，也可以购买商品。要做到有趣、好玩，才会吸引和留住客户。

进入直播间的买家，很多都有消费能力并且时间充裕。卖家要做的就是把直播间打造得好玩有趣，让他们每天都过来玩。做到这一点，不愁卖不出东西的。

想要打造有趣的直播间有很多种玩法，需要提前策划活动，也可以建立粉丝群，通过预告激发粉丝的兴趣，让他们每天来直播间玩。

重建产品线及主播打造

直播间与店铺的产品最好不要重叠，原因有两方面：一是店铺的产品价格都明码标价，不方便做直播间的活动；二是如果直播和店铺的产品相同，想要有趣就非常难了。

基于这两个原因，Ka直播间和店铺的产品基本没有重叠。在直播时，如果发现有数据特别好的产品，也会直接拉到店铺卖，或者开发这个类别下的其他产品。直播间成了测款的地方，省掉测款的花费。

另外，主播的打造也很重要。找漂亮小姑娘做直播，效果不一定好，可以让店铺客服当主播。他们对产品很熟悉，培训一下就可以上岗。每个主播可以根据自己的个性打造自己的专属IP，树立独特的个性，然后去圈粉。

Ka团队有四个主播，风格不同，粉丝群也不同。他们的粉丝也经常站队，结伴来直播间玩，非常有归属感。

直播细节补充

刚开始直播，淘宝有流量扶持，如果后期做得不好，流量就会越来越少。这个主要和直播间的关注、转化、互动和点赞等环节有关。

另外，直播可以挂在店铺首页或者商品详情页下面，这样可以把店铺流量引导到直播间。直播间和店铺的产品分开，也不会影响店铺的产品销售，还可能增加客单价和客单件。

同时，直播也是一个很好的激活老客户的工具。通过直播间的活动可以促进客户重复购买，但前提是店铺的模式和产品线要规划好，主播魅力打造都要做好，还要有新的创意，才能留住粉丝。

选择直播的时间段也很重要，直播时间越长，权重就越高。如果开始流量比较低，可以和其他店铺的时间段错开，比如很多工厂店，会选在晚上直播。因为一般卖家的直播到晚上 10 点就结束了，他们就会做半夜场，晚上 23 点到凌晨，错开高峰期来进行流量的积累。

做直播还有很关键的一点，就是捡漏。在直播间要营造一种现在买很划算很便宜的氛围，因为不管客户多有钱，都喜欢捡漏，尤其是没有明确购买意向的人，需要给他一个现在就购买的理由。

|蒋晖点题|

我之前是不看直播的，也不太能理解看直播人的心态。

有一次我和上大学的表弟聊天，他描绘了一个场景，自己实在不知道干什么的时候，尤其是在碎片时间，看直播是很好的打发时间的方式。

所以有趣、好玩的直播间，才能让人有时间就忍不住想去玩，如果直播内容枯燥无聊，就留不住客户。

抖音推广，通过短视频营销实现双赢

理想，“狮友会”成员，2013年进入电商行业，先后运营过保暖内衣、餐饮、厨房用品和家居收纳等类目。

运营成本和风险不断增加

现在想运营好一家店铺，需要的技能和运营成本越来越多。

理想前期做电商，研究得最多的是技术，比如直通车、钻展和做销量等，但是这些技术更新太快，费用越来越高，产出比越来越低。

他之前一直在费尽心思获取流量，之后转换思路，思考哪些平台流量最多？据他观察，淘宝、腾讯和今日头条的流量都很高，其中今日头条的流量已经可以和淘宝相媲美。

短视频的红利来临

今日头条流量最多的是短视频。现在腾讯推出微视，淘宝也在增加头图视频的投入，这些改变全都是因为短视频是当前内容营销的红利风口。

那么为什么很多卖家还是没有去做内容营销呢？他总结了三点原因：

（1）大多数卖家还是传统的卖货思维。主要靠工厂走流水线卖货，没有品牌和粉丝维护意识，做得比较多的是价格战；

（2）喜欢直接体现投入产出比的方式。比如做淘宝客和做销量，这些方式比较直观，投入多少钱，加了多少价格卖出，能看到中间的产出比，但内容营销却不一样；

（3）对新兴事物的抗拒和怀疑。有的卖家不愿意接触新事物，有的是做了一次碰壁了，虽然身边的人做得效果很好，但自己还是不敢投入进去。

内容营销需要注意的点

做内容营销虽然没有具体的公式和方法，但是有几点是要注意的：

1. 产品的颜值要高

他在做内容之前，会对产品的外观以及包装进行升级，在质量过关的前提下，作为网红产品，颜值是必需的。

2. 品牌故事

品牌故事是为了和客户拉近关系，了解客户群体喜欢的购物方式以及表达方式，然后在文案中体现出来。让客服用客户喜欢的方式去交流，提高店铺的转化率和客单价。

3. 研究对应网红的消费群体

对网红的粉丝群体要进行分析，包括年龄、性别、消费能力、社会阶层、职业特点以及是否属于冲动型消费者等，都要掌握。

4. 网红的选择

现在短视频基本是按单次收费，所以对团队策划能力要求很高，这就要求分析网红的特点，看他的评论互动以及更新速度。

5. 推广费用的预算

网红的价格是不同的，卖家最好找粉丝量足够多，但没有推爆过产品的网红。如果是推爆过某个产品的网红，价格会很高。因此推广前就要做好推广预算、效果预算和风险控制，不能盲目跟风。

6. 找网红的方法

一是直接看网红是哪个经纪公司的，一般会有网红的收费目录，可以挑选。

二是资料里有写微信号或者微博，可以跟网红直接私聊。但要注意，这个微信号或者微博一般都是经纪公司的号，很难找到网红本人。

短视频内容的策划与投放

短视频的时长很短，如何在短短的几十秒或者几分钟内，把产品的特点、价值表现出来，吸引客户呢？

首先，要和网红对策划内容进行交流沟通，当面沟通最好，这样效率高，视频的内容最能直接深入主题。

其次，注意视频投放的时间节点。理想团队当时是以七夕情人节送女友礼物为切入点，直接介绍产品，突出产品特点，把流量引到店铺。

理想有一个吸粉的好方法，特别适用于“大促”活动来临前。活动预热时，在手淘店铺首页挂一张海报，关注店铺，领5元无门槛优惠券。这个方法很好用，通过这个方法，理想的粉丝就增加了1万多人。

|蒋晖点题|

现在不少卖家都在尝试用抖音卖货，通过发布产品的使用视频，引起客户兴趣，大多数是一些比较新奇的产品。

找网红推广，也就是把网红的粉丝变现。但是能变现的前提是产品内功够好，策划内容有新意，再加上网红的助力。

不要弄错前提，认为直接找网红推广产品就可以，毕竟现在网红的价格不便宜。

做好内容渠道，不用担心店铺没流量

陈雪饮，“狮友会”成员，主营流行饰品，目前店铺50%流量来自内容渠道。做内容推广，从四个方面入手：淘宝客推广、微淘新版推广、直播推广和有好货推广。

淘宝客

做淘宝客的推广，陈雪饮习惯将其分为四个阶段：

第一阶段，从0到1，寻找或确定一个淘宝客流量渠道；第二阶段，从1到10，确定某流量效果不错时，可以加大合作力度；第三阶段，从10到100，多渠道、多数量合作，跟上每个风口；第四阶段，100以上，店铺成绩已经达到一定阶段，进行正常维护即可。

在第一阶段时，可以同时测试数据，找出推广效果较好的渠道，进行多次合作。

每天早上10点，店铺运营人员会去找一些低佣金的活动广场报名，每一家天猫店铺可以报名10个活动。持续一两个月后统计出数据，就可以明显看出通过哪个渠道、与哪个达人广场合作效果较好，后期会持续报名这个达人广场推荐的活动。

除了在淘宝客的活动广场收集达人，官方、第三方资源也会主动联系店铺，选择空间会增大。同时，陈雪饮做店铺分析时也会重视正在做店铺推广的达人，做出导图，找出现有的达人，寻找他们的联系方式谈合作。

微淘

微淘改版后，陈雪饮将商家按照能力分为了两种：一种是能力稍差的商家，另一种是能力稍强的。

对于能力稍差的商家，她有三条建议：

（1）利用微淘后台的转化功能，直接发布与店铺有关的文章进行转化；

（2）查看微淘粉丝数据，或者参考同行的风格和做法，发布自己店铺的产品或者买家秀；

（3）可以自己做，但不用花费太多精力，因为微淘推到公域流量区的商家少之又少。

而对于内容创作能力较强、有专人做内容的商家，建议在微淘后台分析粉丝数据后，发布他们喜欢的文章。

如果买家年龄层较小，又比较喜欢鞋子、包包这类产品，也可以发布一些海外时尚信息吸引他们眼球，并不一定要一直发自己的产品。

推广实施后，如果想检查微淘效果，可以点击生意参谋内容中的微淘渠道，观察每次运营引来的流量和转化。如果效果较好，卖家就可以将这块基数放大。

直播

直播主要分为店铺直播和第三方直播。

直播越来越规范化，如果没有较强的内容生产，不建议卖家自己做直播。现在很多直播机构有和生意参谋一样的数据，并且已经在精细化运营，所以卖家也可以寻找优质直播机构进行深度合作。

店铺直播针对的是SKU基础较大，能与客户实时互动的产品，比如服饰类和水果类。而SKU较少的适合找第三方推广，尤其是推广大爆款，因为第三方直播机构的带货能力要比店铺直播强很多，也更专业。

陈雪饮推荐两种达人直播，一种是主动上门推广的直播机构，一种是到微任务中寻找直播达人。

主动上门推广的直播机构，可以在自己生意参谋的内容渠道中看到。有些直播机构会主动去商家店铺拍下产品，在自家店铺挂上商家链接播放。等数据出来时就可以看出哪位达人推广更有效，从而进行深入合作。

微任务直播服务中能找到很多第三方直播达人，卖家可以查看他们的粉丝数、往期合作、合作要求、效果和评价，后期合作时如果发现带货能力较强的主播，也可以进行深度合作或者寻找更多类似人群，放大基数。

找到自己满意的主播合作后，在主播直播时，卖家还需要做两件事：一是联系主播在产品讲解时做切片；二是在主播直播时，派员工进行互动，让主播认为很多人都关注这个产品，他就会多讲解，这样卖家就增加了展示时间。

有好货

有好货，推广新品的效果很好。一个产品只能有一个达人推广，不过可以找不同的达人测试不同产品。卖家可以自己建设达人号，或者在微任务中寻找第三方合作，两种方法各有利弊。

1. 自己建设达人号

现在建设个人达人号并不简单，首先需要一定的粉丝数，比如陈雪饮的类目要求是1000位粉丝（活粉），同时也有一定的考核标准。但自己建号有以下两个好处。

一是可以自己投稿，上传短视频、文章后，账号达到一定要求，就会被推到产品池。

二是自己建号，可以省掉第三方达人佣金。因为有好渠道就相当于免费流量，不管是高级达人号还是普通达人号，只要放入产品池，都有机会展示在目标群体面前，小二会自动审核，因此推上去的达人号权重并不会有太大影响。

所以陈雪饮建议有条件的商家可以自己建立达人号。

2. 用第三方达人

在有好货寻找达人，就类似于在直播室寻找主播，要看粉丝数、粉丝活跃度、粉丝精准度。因为有一些达人会刷粉，所以卖家也要关注商家评价，找到合适的达人后，就可以找到私人联系方式，与他们联系。

如果想要效果好且省钱，可以在自己店铺内容中寻找效果较好的达人，直接找到他们的旺旺号后，去V任务中找到他进行深度合作。

|蒋晖点题|

很多品类的搜索比例越来越低，尤其是一些偏大众的品类。越来越多的流量来自内容推广。

另外，原来的搜索精准流量，逐渐变成通过首页“猜你喜欢”获得流量，所以产品的定位设计，变得越来越重要，否则根本拉不动免费流量。

微信派单，如何精准地投放微信广告

杜江永，“狮友会”成员，从事电商8年，自营十几家天猫店铺。2015年开始做微信派单，目前是全国前三名。

什么是微信派单

派单其实就是在微信投放广告，从而销售产品或服务。

微信拥有这么多用户，对做内容和电商的卖家来说，无疑是一个非常好的广告和流量平台。

不过，这两年公众号用户增长缓慢，阅读量下降，订阅号的广告也不是很好做。不过杜江永仍然认为它有很多空间去操作，尤其是对高产出、高质量和有复购率的产品来说。

微信派单的几种模式

微信派单是一个比较概念性的叫法，生活中我们经常会见到，比如微商、电商和生活服务类商家等。

（1）微商在微信投放广告、招募团队、寻找代理、推广软文、推广自己和讲解怎样赚钱。

（2）电商也有很多模式，一个是付费类电商，一个是与公众号合作的分销类电商。

（3）生活服务类商家，比如招商以及线下开店等。

派单广告投放如何合作、收费

派单广告投放大致可以分为两类，付费的和免费的。

免费的方式主要是有赞分销，与公众号主合作。合作方式就是与号主商谈，谈好之后给他供货价，帮他发货。

付费的方式就是自己出钱投广告，自己提供软文，然后找公众号主去合作。付费也分两种，软文和硬广。软文就是不带二维码，硬广就是加二维码。软文收费标准是每万粉在80 ~ 300元之间，硬广每万粉在300 ~ 600元之间，甚至更高。

另外还涉及订阅号和服务号，就投放广告来说，订阅号的量是非常大的。服务号数量有限，价格相对比较贵，当然效果也会更好。

杜江永有个思路，就是拿订阅号做测试。当订阅号效果好的时候，广告或者文案就可以大批量投放；如果是服务号的话本身质量比较高，它的数量相对比较稀缺，竞争也比较大。但是服务号一旦投放，一般效果不会太差。

派单广告投放过程

杜江永把微信派单过程简单概括成选品、选号、投放和付费这四步。其中付费步骤前面有详细介绍，这里就不重复了。

（1）如何选品。一般来说选刚需，相对大众化特别是复购率高的产品，效果会更好。因为公众号现在的流量成本和投入都是比较大的，如果没有回头客或者当天投产不好，很难持续投放。

（2）如何选号。一般前期通过社群、微博、QQ群和百度这些方式去寻找，到了后期，就可以利用身边的朋友去挖掘资源，也会有一些中介。

在选号的时候，要特别注意号的真假。经验很重要，也可以参考一些数据。比如头条和尾条数据量的对比、粉丝量和男女比例等方面的内容，事先让号主提供好，然后进行了解，和用户群相互匹配。有了这个基础，再去观察十天的平均UV（访客数量）是否稳定。

（3）投放工作，参考当天的投产比，和他们的产品有关系。就是看当天的ROI（投资回报率）达到一比一点几或者一比二，不亏钱的话就投，亏钱的话不投。通过对比这个号之前投放其他广告的阅读比例，做一个参照和对比。

到2018年，订阅号的广告阅读率一般在1%～3%，好的可以到5%左右，差的甚至低于1%。服务号可能会高一点，通常在5%左右，服务号质量好的可能到10%。

| 落晖点题 |

网上一直有不少微信派单成就千万富豪的文章，大部分都是子虚乌有。确实有一部分人能做到不错的业绩，但进入商场就是“二八定律”，成功的比例一定不会太高。

微信派单想要做好，我个人认为是一件非常需要注重细节的事情，要学会判断号的质量，要知道查找、分析数据。

另外，确定价格也是很关键的一步，要去思考如何投入更少，却能得到更好的效果。最后，广告派发出去，也不能做甩手掌柜，需要及时跟踪，不断改善投放效果。

如何通过知乎平台分割内容营销红利

顾禅，“狮友会”成员，主要通过在知乎平台进行内容营销，做到低投入、高产出，两年时间做到类目前十。

知乎平台情况

知乎作为分享知识的问答社区，已经不知不觉间成为不少卖家内容营销的战场。

知乎平台主要有以下三个特点：第一，平台限制少，知乎对提问的问题很少干预，自由度比较高；第二，平台开放度高，话题多；第三，平台日流量很高。

知乎的用户以年轻人和中年人居多，学历基本是中高等，消费频次也比较高。但是消费水平以中等偏下为主，所以中低客单价的产品在这个平台是有开拓空间的。

从内容角度来看，知乎作为一个分享知识的问答社区，内容载体主要以回答的文章为主。

回答的浮现与知乎循环机制有关，循环周期大致分为 1 周、3 周和 2 个月，浮现周期的长短与制作内容的层级有关。简单来说，就是回答质量和互动率越高，循环次数越多。

文章怎么上热门

质量好的内容也需要运作，不然热度会越来越小。这时需要人工干预，让回答占据比较高的排名。

在知乎 PC 端，话题下面有一个精华，里面的回答都是高质量、高点赞、高关注度和高浏览量的，通常点赞人数占浏览人数的 20% 左右。

如果可以联系作者，直接把产品链接放到这篇文章的评论里，浏览量就会很高。或者在文章里放上产品的淘口令，客户可以直接复制打开，也不会被知乎检测到有链接，使用这个方法，会有一部分顾客被引流到店铺。

当然运作这些文章的热度都是为了介绍产品，所以要格外注意下面几点，否则对文章以及账号都会有影响。

（1）文章中不要只提及自己的产品，否则营销的痕迹太重。根据主题，可以把自己的产品放到第二个或者第三个来讲。

（2）产品图片要好，才能激起客户的购买欲，转化率会高。

（3）产品描述要详细，客户可以对产品全方位了解。

（4）最好标注价格，这样客户可以判断价格能不能承受。

（5）如果文章热度做得很不错，一般一天会收到几十个要链接的私信。这个文章可能要循环好几次，最终可能会收到几百条要链接的私信。

热门文章从哪儿来？

优质内容的文章来源主要有以下两种。

1. 代理投放

找知乎上的大 V，他的粉丝和文章点赞量比较高，文章的浮现频率比较高。如果和他们合作，产品的展现量会有较好的保证。在找大 V 推广前，要筛选合适的营销话题。

比如礼物是主话题，有很多衍生的子话题，可以做一个表格，把要回答的问题和链接复制下来。建议选择关注人数是回答人数 20 倍左右的话题，这样关注的人数多，曝光量大。

2. 安排自己公司的人写文章

公司人手充足，有相对的空余时间，可以自己生产内容。比如安排员工，找一类话题，回答以产品清单为主，把自己的产品放到第二个或者第三个来讲，写上推荐理由，在评论区放上该产品的淘口令，并置顶。

文章数量多，浮现量也会大。如果有 10 个人，每人一天写一篇文章，一周就是 70 篇，两个月下来，浮现量肯定过万。采用这个方法，在前期最好连续 7 天给这 10 个员工的回答买赞，每人每天至少 50 个赞，这样后期浮现才会多，热度会越来越高。

|蒋晖点题|

基本上身边会玩电商的朋友，这两年发展都很快。总结他们的发展模式，其中非常重要的就是善于抓住流量红利。

通过知乎平台中的文章推荐，把客户引流到淘宝，确实是一种比较有效的站外引流方式。在这种方式下，只要话题本身具有吸引力，回答的内容有一定质量，再加上一些推广手段，就可以获得不错的流量。

如果运营的能力足够强，站内站外形成呼应，竞争力就会很强，就能在行业里形成一块堡垒。

直通车改版后的新玩法，让流量更高

陈培峰，“狮友会”成员，内衣类目卖家，擅长直通车运营。

新玩法的门槛

2018年4月，直通车改版。调整过后，很多卖家发现自己的关键词质量得分从原来的9分、10分，掉到了7分、8分，甚至更低，而且用之前的方法也很难再次回到10分。

掉分的原因在于直通车对质量得分的数据考核模型进行了升级，考核标准更加细致。

开直通车，说白了就是投入资金。做得好，后期我们会带来高利润；做得不好，亏损也不多。用下面的方法之前，一定要慎重考虑适不适合自己的店铺，起码要满足以下四个要求。

（1）具备直通车的基础认知。直通车是引流和拉动手淘搜索的工具，不是赚钱工具，赚不赚钱是产品维度的问题，直通车的费用和控制，以单链接或者店铺维度来衡量产出。

（2）具备基础的直通车运作经验，对选词留词、点击率优化、调价逻辑等有了解。

（3）目前店铺直通车日消耗至少千元，陈培峰团队操作的费用相对来说大一点，如果是小的店铺后期资金可能跟不上。

（4）以冲击爆款为目的，预算以千元起步的链接。陈培峰的这个方法就是冲着做爆款和拉搜索做的。

确认好人群标签

第一步就是确认人群标签，需要做以下一些准备工作。

（1）尽可能找一个权重高一点的计划。

（2）直通车主图的点击率一定要高，至少要在行业平均值以上。

（3）尽量选点击率高的精准词作为操作关键词，且这个关键词展现量不错。

做好这些准备，就可以进入测试环节，分为以下四个阶段。

（1）标签测试。建议大家不要主观去做标签，要根据行业（类目）经验或者生意参谋的市场行情数据，筛选出较为精准单一的人群标签。

例如，客单价处于市场价格偏高价格段位的产品，可以选择月消费额度较高的人群标签；女性买家占比高的时候，也可以选择性别作为精准人群标签。如果你的标签覆盖人数只有几十或者几百，建议扩大标签进行测试，等后期人数增加，再进行测试。

（2）组建单一人群标签，进行人群溢价。统一前期溢价保持在 30% ~ 60% 的阶段，关键词出价在 16 ~ 20 位。

（3）根据测试数据，筛选精准人群。前期人群主要根据点击率进行筛选，后期以转化率作为判断标准。如果关键词在 2 ~ 3 天内点击率都很低，建议提高出价排名，再进行测试。因为有一些偏标品位置靠前，会影响点击率。如果是费用冲突的话，可以直接将产品卡到一个特别好的位置，快速积累点击量来测试点击率。

（4）删除不好的数据。经过前面 2 ~ 3 天的点击率测试，会得到数据，然后把关键词的行业平均点击率作为参照指标，低于指标的，建议直接删除，高于或者持平的，可以保留，然后继续下一个阶段的操作。

人群上分操作

确认人群标签之后，进入上分阶段。主要根据费用和日限额，每天分 3 ~ 4 次操作，按照下面的操作给人群上分。

操作要领有以下五点。

（1）人群溢价提高 10% ~ 30%，同时关键词出价降低 5% ~ 10%（分时折扣不变还是 100%）。

（2）务必确保点击量的 80% 以上落在人群标签。

（3）连续操作 7 天完成更新（上分周期 3 ~ 7 天）。

（4）人群点击量必须每天递增 30% 以上。

（5）以日限额为参考标准，达到 1/4 的日限额后调整人群溢价及关键词出价，同时提高日限额；继续消耗达到 1/2 时再次调整溢价及出价（每天提高 30% ~ 40% 的溢价，降低 10% ~ 20% 的关键词出价）。

通过直通车数据，优选点击率高的地域投放，关闭点击率低的地区。可能不同类目有差异，因为涉及关键词、直通车权重和宝贝转化率等因素，但按照这个方法操作，即使是普通的图，只要有比较高的点击率，PPC（点击付费广告）也不会太高。

在这个过程中，需要注意以下几点。

（1）不建议同时操作太多标签，有两个原因：一是人群标签容易出现覆盖；二是预算不足会造成点击量不足，导致后续工作无法完成。

（2）标签必须从一级做起，否则人群点击量占比会很低。

（3）不要调整时间折扣。

优化降 PPC

经过前面 7 天人群上分的操作后，人群权重基本都拉起来了，接下来就开始进行降 PPC。方法是将前面的操作反过来。

操作要领如下。

（1）人群溢价降低 10% ~ 30%，同时关键词出价提高 5% ~ 10%（分时折扣不变 100%）。

（2）人群点击量降低幅度不超过 30%。

（3）连续操作 7 天（正常需要 5 ~ 7 天时间）。

（4）以日限额为操作标准，达到 1/4 的日限额后，调整人群溢价以及关键词出价，同时提高日限额，继续消耗达到 1/2 时，再次调整溢价及出价（每天降低 30% ~ 40% 的溢价，提高 10% ~ 20% 的关键词出价）。

（5）调整完后，人群溢价维持在 30% ~ 80%，PPC 明显降低。下一步优化手法采用降低时间折扣比例，进一步优化 PPC，调整幅度每次降低 5%，一天降低 10% ~ 20%，周期在 3 ~ 5 天。

| 蒋晖点题 |

直通车改版是在 2018 年 4 月 3 日开始，不少卖家的质量得分都降低了，不过流量和点击率没什么变化。

做直通车，我们原先提醒卖家要始终关注的两点就是点击率和转化率，现在又加了一个人群权重，多了一个优化的方向，卖家要更加清楚自己的定位。

全网内容推广，快速地提升年销售额

毛理科，“狮友会”成员，主营食品类目下的袋泡茶、代餐粉和食用油。

哪些渠道进行推广

淘宝内部推广以淘宝达人为主，把产品更好地展现给有需求的客户。文章里面植入推荐店铺的链接，用户点击之后可以直接进店购买。

淘宝外部的推广，类型比较多样。比如今日头条、大鱼号、一点咨询和知乎等。和淘达人不同，这些渠道推广不需要花钱，可以自己申请账号，写文章发布。目前效果最明显的是今日头条。

毛理科最开始做的一个大号，积累到现在，已经有了 30 万以上的粉丝，那么怎么才能做好这个平台的推广呢？

在今日头条平台做推广，有点类似于淘宝的“千人千面”，会根据用户的点击情况智能推荐。

在操作时，可以依据推荐的规律准备一些爆文，摸清这些文章的特征，模仿其中的套路，做精细化修改后重新发布。这样的文章往往比较容易爆发，会得到很多推荐。

推广的内容有哪些

与产品相关内容的输出，主要有三种形式：文章、视频和问答。其中，毛理科花在文章上的功夫是最多的，也是目前收效最为明显的。

因为他们做的是功能性食品，文章在切入时，与产品、功能、行业咨询相关的内容都可以写。

不过，现在的消费者往往有一个习惯，在接触到一个新鲜事物或者产品时，会习惯性地去百度上搜索一下，看看相关的资料、新闻。所以，毛理科团队有一个5人工作小组，专门负责打造产品口碑。提前在百度上设计排名，宣传一下产品，做产品的信任背书，让消费者建立信任感。

如何打造优秀的团队

一个企业想要做大、做久，培养团队非常重要，尤其是在重要的环节上。毛理科团队目前一共70人，在培养新人的时候，由老员工一带一。过程中会让员工把经验总结出来，不断搜集做成教程，以后有了新人，就能直接学习这些教程，上手更快。

等到这一批员工可以独立写文、可以带人的时候，就会继续招新人给他们带。如果带出了优秀的新人，也会给老员工奖金，200 ~ 500元不等。

试用期三个月，通过工作数量考核，看能不能转正，不能的话，试用期顺延一个月。第一个月没有考核，从第二个月开始慢慢增加数量的考核。如果一名新员工一天能完成4 ~ 5篇符合要求的文章，基本就可以转正了。转正后的考核项目，主要看文章的阅读量和文章的转化率。

| 蒋晖点题 |

毛理科团队，通过自媒体平台写文章，推荐他们的品牌，让消费者搜索品牌进店铺。这种模式虽然在推广、策划上需要花费大量的人力成本，但是一旦做起来，也就打好了前仗。后方运营，只要截流到店铺中就可以了。

付费流量逻辑，利用直通车打造爆款

涛涛，“狮友会”成员，天猫3C卖家，深耕直通车。打造过的爆款有3C、棉袜、羽绒服和自行车等。他做直通车的逻辑是：测图——解析——降PPC——打造爆款。

为什么要测图

点击率决定PPC，人群质量决定展现。一张好的图片能快速降低直通车PPC，同时辅助其他流量渠道，获得好的排名。

点击率决定了获取流量的速度。想要在单位时间内吸引到一定的人数，一定是人群质量权重以及点击率高。测图能降低款式的投资风险，提升投资信心。

当然，还要考虑测图时的转化率，有的款冲到3000销量的时候很难再卖得动，因而转化率决定了投资高度。

测图指标

测图指标包括：点击率、转化率、收藏加购率和人群数据等。

（1）点击率测试应该高于行业1.5倍以上。需要考虑关键词出价排名是在前三，还是在前十（排名越靠后，点击率越高，说明图片的效果更好）。

这里影响点击率的还有个别天然高点击率的关键词。比如“麻将席”这个词语，行业点击率平均大约在11%左右。所以这个词的点击率测试，至少在15%以上才算是好图。

（2）转化率决定了成交高度，决定了这个产品最终能卖多少件。从个人投资来说转化率比较低，推广成本就比较高，就不能引进更多的流量，从而注定了销量不会特别高，难以打造成爆款。从更广义的平台来说，低转换率的产品，排名更靠后。

（3）收藏加购率分别是10%以上的产品图，比较容易打造成爆款。这里也视类目而定，女装类在7%～8%左右。偏标品，还要参考价格和描述。

（4）很多人在测图的时候只注重关键字，而忽略掉人群特点。因为“千人千面”的影响，测图一定要考虑人群的因素。尤其是新品测图，因为没有往期直通车数据，淘宝只会参考之前的店铺数据给推荐人群。所以人群决定了点击率和转化率。

测图实操

具体方法有加词语，比如：方向词、类目大词和长尾词。建议先加精准长尾词，初步判断产品成交方向，再有针对性地选取细分方向进行测款测图。一个计划，要有4张图轮播。

图片一定是从本地上传，不要从图片空间上传。展现量和人群历史数据有关，要做到每一张图片都是独立的，测试数据更加准确。

尽量用1～2个小时完成测试，小类目可以适当延长时间。测试速度越快，准确性越高。晚上10点到凌晨竞争相对较弱，PPC会比较低。出价以流量获取速度为基准可以测试3天，以每单创造50个点击量为基准。

测试人群建议以2加2的形式进行属性组合，比如年龄加性别，月消费加性别，月消费加年龄等。人群溢价

20% ~ 30%，如果过高，难以降低 PPC；过低，会没有效果。

如果目标是打造大爆款，或者为了节约时间，可以直接用大词。成交意图模糊，转化率不会那么高，所以前期投资会很高。如果在加大词的情况下，收藏加购转化都不错，那就说明产品有爆款的潜质。

测图分析

（1）首先排除地域问题，考虑基础销量、评价、同行款式价格，如果一款产品的点击率不高，可以放弃。

（2）如果出现产品的点击率、转换率不好，但是同行同款卖得很好的情况，首先分析店铺的年龄层次、粉丝基础，看有没有差距。

（3）点击率高，收藏加购率不高。要分析是产品的原因（价格、款式等）还是图片的原因。

（4）点击率不高，收藏加购率较好。说明产品没有问题，修改图片即可。

如何降低 PPC

直通车的权重框架：账户权重、计划权重、创意权重。账户权重 15 天更新一次，计划权重 7 天更新一次，创意权重 72 小时更新一次。

降低 PPC，有以下几种方式。

（1）提升点击量。

（2）提高人群展现。

（3）托价，产品出价降低，排名会降低。

（4）保持点击率、点击量不变。

（5）提升创意权重，准确选取关键词，精确定位地域和人群，冲高创意点击率。

（6）用一张高点击率的图片，做三个宝贝提升计划权重，添加想要推广的宝贝。

打造爆款

爆款是相对的，各类目不同价格区间天花板不一样。产品好是前提，要把握好点击率、转化率和市场需求。尤其是在市场需求的上升期，应季产品更易打造爆款。产品价格在大众市场容量能接受的价格范围内，打造爆款水到渠成。

打造爆款的核心是点击率转化，产品利润在30%以上。点击率降低，减少推广成本，转化率决定单位推广量的成交速度。虽然“千人千面”弱化了一些销量排序，但是销量排序同样非常重要，尤其对小类目而言。

直通车本身要做到盈利，相对来说还是很难的，尤其是在大市场容量下去打造爆款。一般的逻辑是先亏损再盈利，做好销量目标，计划好亏损预算。

|蒋晖点题|

电商生意，各有活法。有的霸占资源位全凭活动，有的“死磕”产品匠人匠心，有的低价引流源头厂家，也不乏像涛涛一样，深耕推广“车技”。

我主张大家找到自己舒服的方式，相互学习取长补短。

电商结合微营销，淘宝店铺站外引流

岳丹青，“狮友会”成员。擅长站外引流和品牌曝光宣传。

微营销平台分析

电商的玩法越来越多样，不过目的是相同的，都是为了给店铺引流，增加销售额。微博、微信公众号、抖音和B站等微营销平台有什么特点？应该如何布局推广计划？

1. 微博

微博是很多红人的主要阵地，有4个特点：属于私域流量；粉丝精准，价值度高；可以定向投放给粉丝，投放可掌控；可带链接、带话题，精准地投放给粉丝，直接促进转化。

2. 微信公众号

优点：转化率高，获利效果好，也支持直接转化。

缺点：影响面较弱。

3. 抖音

抖音是热门的短视频App，有5个特点：属于公域流量；粉丝基本无价值评判维度，质量不高；不可定向推送给粉丝，投放不可掌控；网红和素人被引爆和抓取的概率相差不大；有购物车、抖音小店，可促进直接转化，转化比较随机，但优质内容的转化效果不错。

4. B 站

B 站的商业价值还可以继续挖掘，潜力很大，具体表现在两个方面：一是可以定向推给粉丝，投放可控；二是粉丝的价值高，消费能力强。

5. 快手

优点：属于公域流量；引流能力强；很多红人的带货能力很高。

缺点：投放不可控。

根据上面平台的特点，在做投放推广时，可以结合这些特点制定推广计划，对于投放能掌控的平台可以多投一点，不可控的可以做广泛的布局。

优质视频的标准

了解了常用的微营销平台的特点，还要从静态特征、动态特征和带货效果三个方面分析优质视频的标准。

1. 静态特征

静态特征是对视频制作内容的把控，主要是从视频标题、视频封面、视频属性、播放体验和视频内容 5 个方面来表现。可以从制作层面来鉴别，视频是否达到一个好视频的制作标准。

详细的情况可以看下面这张思维导图：

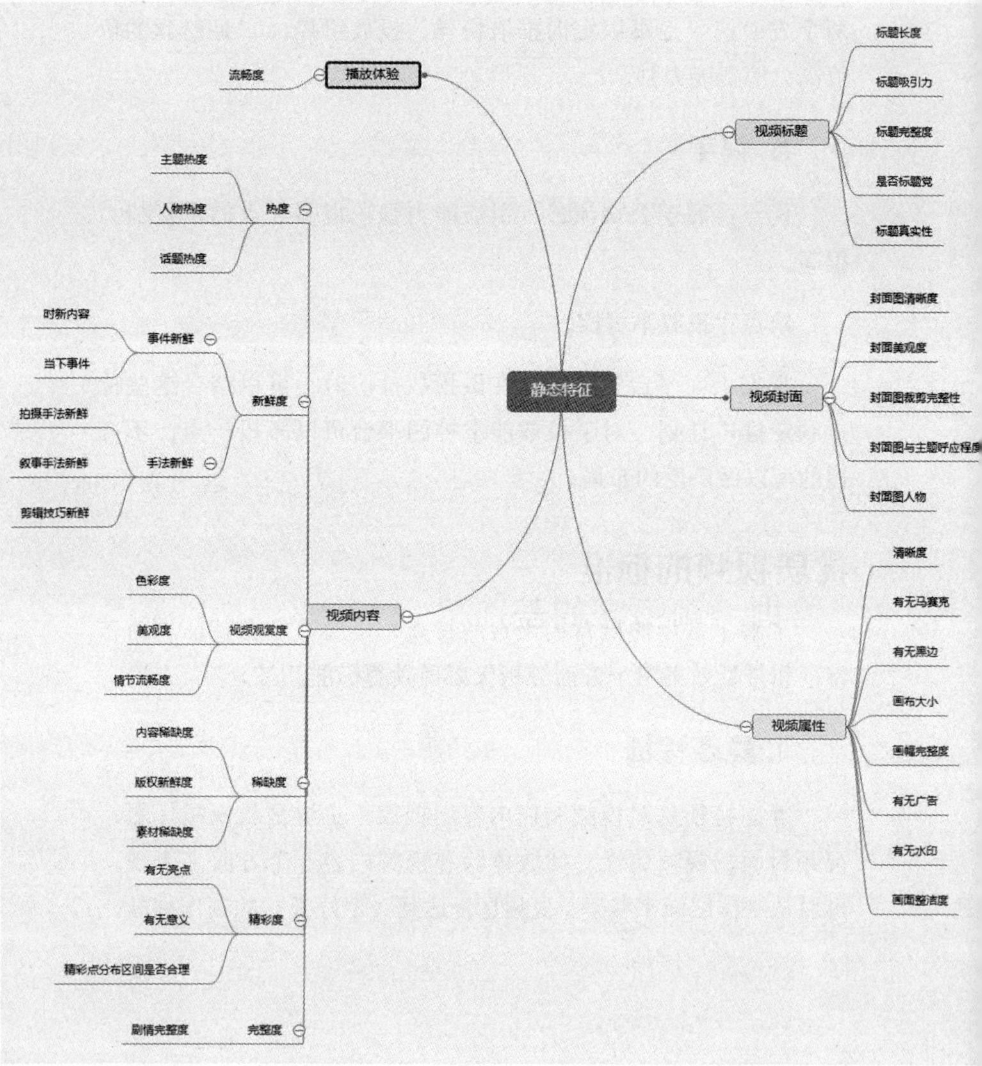

2. 动态特征

视频的动态特征比静态特征更加重要，因为这些数据可以间接表明视频的覆盖量和影响力。它包括点赞数、播放量、播放完成度、人均播放时长、评论数、分享数以及用户反馈数量。

3. 带货效果

所有广告的投入，最终都要进行收割。所以，带货效果也是鉴别是否是优质视频的标准之一。

带货效果主要表现在以下几个维度：链接点击数、UV 数、收藏数或收藏率、加购数或加购率、成交数、支付率和 ROI（投资回报率）。其中，ROI 是最能体现视频带货效果的指数。

通过这 3 个维度对视频进行分析，可以大致看出拥有此账号的红人实力。

微营销与淘宝客的差别

通过微营销平台带来的流量，被称为微营销引流。简单来说，就是以内容红人为主的淘宝客，但是它和传统的淘宝客又有很大的不同。

传统的淘宝客，大部分是依据微信群、QQ 群或者网站进行推广，这种方式有几个弊端：一是平台相对而言比较封闭；二是引进的新流量比较少；三是受众人群不精准，转化率低；四是仅靠价格的优势吸引客户。这些只能带来销量的增加，对品牌的附加价值没有贡献。

而通过微营销平台引流，已经成为一种趋势。

阿里巴巴上线了手机淘宝红人轻店铺功能，可以帮助网红快速开店，这类轻店铺和正常的店铺界面没有区别，主要是为了帮助红人进行变现。红人可以选品上架到小店，无须备货。

为了保证引进的流量质量，阿里巴巴会评分，质量分从零到一，来检测流量的情况。并且这种引流方式是计入淘宝权重的，这也是对卖家最有吸引力的一点。

目前，轻店铺已经邀请了一些头部流量进行参与，这些红人大多是在微博、抖音和B站等平台有粉丝基础的，他们通过发布优质的图文和视频内容吸引客户购买。

拥有轻店铺的红人，可以将小店的链接入口放置在自己的置顶微博、抖音主页、快手主页和自媒体主页中，粉丝们通过点击就可以直接实现手机淘宝的打开与跳转。

同时用户也可以在手机淘宝中直接搜索轻店铺的名称进入到店铺之中，选购由店主推广的商品，店主在这个环节同样可以获得商品的佣金。

内容导购引流的优势

以内容为基础的微营销，带货和引流能力非常强。这里主要讲两个优势：

1. 商品的售罄率高

2018年双十一，阿里巴巴的售罄率只有40%，即只有40%的商家把货卖完了。但是，红人基本采取预售的机制，售罄率很高，而且推广效果具有长尾效应。

一家红人的新店铺，在双十一当天，站内直通车和钻展投入14 000元，销售额只有60 000元。但是通过抖音、微博和B站等平台引进的流量，当天销售额就达到数百万元。

2. 获取的流量都是新客户

通过这种方式带来的流量，绝大部分都是新客户，可以避开淘宝店铺已经成型的流量体系，在新的体系下掌握规则，获取流量推荐，这是直通车和钻展不具备的优势。

| 蒋晖点题 |

电商和新媒体的界限趋于消失，做电商的都在想怎么做新媒体引流，而做新媒体的都在琢磨怎么做电商。如果能把电商和新媒体都玩转，在这个时代很容易成功。

如果你只擅长做电商或者只擅长做新媒体，能找到和你互补的合作者，做的也会很不错。

与淘宝达人合作卖货，增加订单量

行锋，“狮友会”成员，3年资深创作达人，拥有多类目、多频道的达人账号资源。

什么是达人

手淘出现了越来越多的栏目，包括有好货精选、直播、有好货百科攻略、必买清单、淘宝头条、极有家、品质好物、科技前沿、装备天地、每日好店图文、生活研究所、淘宝短视频、微淘和订阅号等。

这类栏目提供了很好的产品信息给买家，我们在看信息时，顺手就买单了。运营这些信息的人，就是达人。他们通过写这类内容，推荐商品而获得利润。

达人的本质是淘宝客，是一个领域的认证“专家”。他们利用自己在专业领域的眼光以及影响力，通过直播、视频和软文的形式，在自己的权利渠道范围内，推荐自己的店铺卖货，或者推荐别人的产品赚取推广费。达人最重要的能力是经营粉丝，通过分享领域干货，顺便推销东西。

达人的意义在于：让买家更多地粘在淘宝上；给买家推荐一些更加个性的产品；让卖家多一条个性产品的销售渠道。

达人的运营思路和渠道展现

达人创作好自己的内容（图文、短视频和直播等），植入宝贝信息，可以进行相应的渠道提交。接下来渠道小二进行审核，审核通过后，再进行大数据个性化展现。

如何知道达人是否适合自己的产品

达人本身是分类的，比如美妆、影音和运动户外等类目。

所以从大方向来说，要看他们的标签是否符合自己的产品；从产品本质来说，每个人都有自己的人格魅力；从他的文案调性、拍照风格等来判断，是否与产品相匹配。

最后沟通交流，可以让他提供相关的后台数据，或者看过往达人推广的案例，看是否能吸引你。

如何找到靠谱的达人

从渠道入手。想要找哪个渠道的达人，就去相关的频道，找相关类目的产品推广形式。

首先考察文章质量、粉丝运营能力和粉丝数量。用自己对于行业的理解，看他是否写得深刻、幽默、有可读性和吸引力。

再从视觉上进行考察，看文字排版、配图和格调。

最后通过与消费者的互动情况，考察其文章的点赞、转发和评论情况。综合评定出达人的质量。

最简单的方式是去阿里 V 任务找达人合作，每个达人的具体数据都会有介绍，还会有合作商家的相关评论。

商家与达人合作有哪些技巧

经过大量测试发现，达人在直播结束后的半小时内回复率很高。

除了私聊时间点的把握，聊天技巧也非常重要。一定要开门见山，同时可以稍稍夸张业绩，比如“我有个店铺，月流水超过 1 000 000 元，求长期合作”。

一旦合作达成，卖家就如同找到了一个优质的推销员。

找网红合作需要注意的细节：

（1）匹配标签，掌握沟通技巧，找准达人；

（2）搞清角色关系，摆正合作位置；

（3）选取有潜力的红人；

（4）了解达人的趋势，放眼未来；

（5）场景化植入软广告；

（6）定位网红孵化器。

| 蒋晖点题 |

达人是承载内容表现的一种形式，是 3 年前的风口，现在的流量也不差。

淘宝本身也在筛选达人，沉淀下来的是更高粉丝运营效率的达人。目前大流量依旧掌握在一些达人机构，或者一些超级达人手里。

所以做淘宝不是死盯一个流量渠道，而是抓住更多机遇。淘宝的每次变化，都会带来新的红利机会，作为卖家一定要学会抓住这些机会。

团队管理篇

用狼人杀游戏短时间搭建创业团队

龙湘金，“狮友会”成员，主营天猫、京东男鞋，他把搭建创业团队比作“一场高级的狼人杀游戏”，总结出了一整套创业团队的搭建方法。

为什么是狼人杀游戏

龙湘金并不太认同“30人以下的团队没有管理”这个观点。他认为，小团队的早期奋斗过程就是一场高级狼人杀游戏。这个视角同样适用于大公司的某些部门，只是在创业团队早期表现得更为显著。

为什么说是狼人杀游戏?

大多数人应该都玩过这个游戏，里面的角色大致分为猎人、平民和狼人三种身份，主要考验玩家的智力和心理。

将这个游戏运用到创业团队中同样合适。老板扮演着猎人的角色，团队中隐藏着狼人和平民。创业只是相比狼人杀游戏会更难、更复杂，不确定的因素更多，所以他称之为“高级狼人杀游戏”。

多数管理者应该都遇到过这种情况：新招一位员工，你很希望他能通过转正留下来，并发展成为公司的骨干，但是他受到周边同事的负面影响，在未充分了解公司之前，就选择了离职或者表现消极，以致被淘汰出局。

其中，狼人就是伤害团队凝聚力、制造负能量以及跟公司对着干的人。

高级狼人杀游戏难在哪里

不管多大的团队都会有狼人的影子，这很容易使团队滋生负能量，并且难以清除。主要有以下两方面原因。

1. 创业团队人手有限

在狼人杀游戏中，猎人只要引导大家把狼人干掉就赢了，但是创业团队，尤其是刚组建的创业团队不能这么做，并且老板还必须容得下狼人。

因为早期团队基本一大半都会有狼人的影子。武断一点，入职不超过一年的，你都可以视之为狼人，要是干掉他们，你就成了光杆司令。

所以想要壮大团队，就必须容忍一些有可塑性的狼人，将他们逐步转化成猎人，即培养成团队所需的人才。这个过程会很消耗精力。

2. 游戏是固定的，创业团队的成型是动态的

在狼人杀游戏中，人物身份是固定的，但是在团队中，骨干有时候也会扮演狼人，他们是变化的。

比如，你的一个骨干在某个阶段犯傻，做出对团队不利的事情，但是他自己并未察觉到他的行为对组织的伤害有多大。有时一个人的负能量比较重，就很容易把其他人的节奏也带跑。

和狼人杀游戏相似的是，在团队中还可能会遇到猪队友，明明身份是猎人，但是却做着狼人做的事，自我认知不正确。

另外，高级版狼人杀游戏还难在成本太高，玩狼人杀游戏输了也没关系，但是创业团队的建立投入的精力和资金太多，

如果失败对人生、对家庭的伤害是非常巨大的。

为什么用游戏的视角去看团队

用多个视角去看问题，本身就是一种很好的思维方式。单个视角不能解决的问题，换一个视角可以更好地帮我们去分析判断。

用游戏的视角和成员沟通，有以下两个好处：

1. 成员更清楚自己的定位

把一个抽象的创业团队成型的过程，具体分解为被大家所了解的游戏，成员更容易理解。

2. 培养团队知行合一的能力

红利褪去后，越到后期，比拼的越是团队知行合一的能力。所以，即使现在正处于某种红利期，也应居安思危，把团队的内核打造好。

赢得这场游戏的关键：尽可能提高猎人的比重，降低狼人的比重。毫无疑问，作为老板，友方就是猎人，敌方就是狼人。

怎么进行辨别呢？

猎人的标准在于“我信得过他，他也信得过我”，这个人很靠谱，且与老板价值观一致，而且能力和技能过关。

团队实战经验分享

其实，团队管理策略和电商运营很相似，都是考虑如何提高漏斗状模型在各个环节的转化率，在资源有限的前提下，用较少的时间、精力和资金去壮大和强化这个组织。

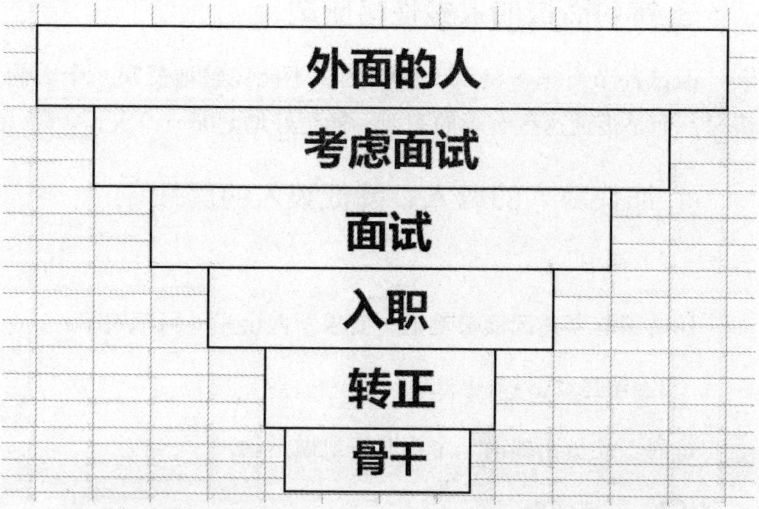

下面将按照这个模型的顺序，介绍龙湘金团队的具体做法：

1. 采用裂变式招聘，分内部推荐和外部推荐

内部推荐是指团队成员推荐来的员工，好处是信任基础更好。外部推荐主要指朋友推荐过来的，也有本来就认识的，还有招聘来的实习生。

但是，不管是内部推荐还是外部推荐，要求可以适当降低，但一定要坚持基本的标准。

2. 公众号筛选面试的人

龙湘金坚持写公众号文章的一个目的就是筛选面试者，要求他们看公众号的文章，谈具体的理解，从而筛选出价值观和认知水平更符合期望的人。

这有个好处是可以加快新人对整个团队的理解，更快速地融入团队，同时还能检测出他的情商、智商等。

3. 针对面试的人做性格测试

面试环节有很多测试，虽然测试不能完整地反映一个人的情况，但是借助这些客观的东西，能更好地判断一个人。

4. 加快新人的融入，降低狼人的属性

（1）读书。

让员工看书并记读书笔记，要求新人读完《阿里铁军》。

（2）做运动。

每周二让员工提前一个小时下班做运动。

（3）做课间操。

因为龙湘金和其他的成员坐在办公室的时间太长，有人就提出了上午下午各做十分钟的课间操。

（4）开小食堂。

设想是让员工每月由一个人做一道美食，目的是帮助新成员快速融入群体中。

（5）写日报、周报等。

龙湘金团队要求每日写日报，推荐使用钉钉，非常方便。

5. 坚决干掉屡教不改的狼人

对于以自我为中心的员工，如果无法引导纠正，要坚决辞退。

6. 重视内部小白的培养

在人才的储备上，龙湘金的团队也尝试过在外部招募有经验的操盘手。

但现在他们坚定了一个理念，就是内部培养。他们会花很多精力去跟新员工沟通，确保在重要的理念上达成共识，并且倡导实战，直接让他们实操。

|蒋晖点题|

初创公司或者小公司想要往中等公司跨越时，对老板的能力和格局要求会很高，老板要做战略布局，要管理员工，还要为公司培养中高层骨干。

前期，老板会很忙，就像我之前创业一样。但等公司走上正轨，就比较悠闲了。

做好团队裂变，销售额增加数百倍

石金忠，2012年跨入电商领域，目前共有5家天猫店铺、4家京东店铺，涉及潮牌和运动户外两个类目。

通过团队裂变，销售递增

石金忠第一次使用团队裂变是偶然的一件事情。

2017年10月，为了激励4个团队，他提出只要店铺3个月做到销售额2 000 000元，就奖励店长30 000元。在提出激励方案之后，团队的积极性和自主性极快地提高了，因为紧接着就是双十一、双十二，店长很有信心能完成目标销售额。

最终，每个店长都完成了目标，石金忠也履行了承诺。

之后，他觉得这个效果很好，2018年年初就提议再开4家店铺。每个店长自己负责一家店铺，还是采取2017年年底的策略，只是不按整年划分，按照每个季度的销售业绩分奖金。

从2018年的效果来看，这个策略还是很成功的。销售额增加了一倍多，而且石金忠更轻松了，因为员工的自主性高了。

其实，团队裂变的背后逻辑很简单。假设有10个店长帮你做店铺，只要每家店铺的月销售达到400 000元，那么整个公司的月销售额能做到4 000 000元，年销售额就能做到48 000 000元，这是一笔很简单的账。

这里需要提醒的是，石金忠的团队裂变能取得比较大的成功，很重要的一个因素就是市场的不饱和。有同行开的新店铺，两个月时间就能做到日销售额 2 ~ 3 万元，当时石金忠单店的增长遇到了瓶颈，就采用了多开店铺的方式抢占市场份额。

团队裂变的优势

1. 权力下放，自主性更强

现在店铺比较多，如果自己亲自管理，精力肯定是不够的。

目前，石金忠把管理店铺的权利全部下放给店长，包括店铺运营，资金的管理等都让店长自己运作，备用金也可以和财务申请，合理利用，但是会有一定的限额。保证在允许的权利范围内最大限度地发挥他们的主观能动性。

2. 责任转移，增强责任感

把店铺转交给店长负责时，责任也随之转移给店长。

石金忠把控大的店铺发展方向，但是具体怎么把店铺做好，怎样去执行，都是店长需要考虑的问题。责任加在店长身上，会增强店长的责任感。

3. 优势最大化，降低运营风险

2018 年冬天，石金忠团队有一款产品是户外羽绒服，客单价在 1500 元，当时搜索的前 5 名，除第 2 名以外，都是他们的链接。

但是，排名第一的链接出现了差评，他们就迅速把排名第三的产品推到了第一位。而排名第二的那家店铺，因为销量多，也出现了差评，很快就掉下去了。

因此，对于服装行业，或者标品等很多其他类目，团队裂变的方式会很有优势。

用人标准和内部培训

石金忠的用人标准非常简单。首先，执行力要强，即使能力差一点也没有关系，但工作态度要积极主动。其次，团队配合力要好。他的员工将近80%的人都是这样，能力强的只占10%左右，但石金忠认为这80%的人是非常重要的，因为他们负责执行店铺绝大部分的任务。

员工培训方面，他们会要求员工观看规定的培训课程，也会每周选一位店长进行内部交流分享，大家共同学习。

还有一带一的计划，即店长在一个阶段会挑选出一位客服来熟悉店长的工作内容。这么做是防止店长忽然离职，或者是因其他原因没时间打理店铺，团队能迅速提拔出新人代替，而店长带的员工会是首选。

除此之外，也会邀请专业人士进行交流分享。比如邀请擅长直通车、钻展、设计和摄影等方面的老师来做交流分享。

项目店长的选择

1. 内部提拔

从现有的客服、美工等岗位选拔执行力比较强的员工，主要是负责把研究出来的方法进一步执行。

从内部提拔的好处：成本低、更清楚员工的情况；避免外部招聘的员工与公司的价值观不符；使公司的基础岗位员工主动性更强，让他们也有机会成为店长。

2. 外部招聘

招聘外部人员，石金忠团队更倾向于选择技术强的类型，主要是为了打破公司现有的技术瓶颈。因为如果店长是从客服、美工中提拔的，可能执行力更强，但是技术和玩法也相对薄弱。

3. 内部竞聘

当有新的项目需要选择新的店长时，会邀请各个店铺的店长作为评委，对来竞聘的员工进行打分。

为了打分更加公平，所有参与评选的店长必须在新项目中投钱，防止店长因人情而打高分。因为一旦店长也投钱了，他自然会更在意项目的成功与否，会认真考虑谁更适合这个岗位。

参与竞聘的员工要讲述自己对新项目的运营规划，如何去做，以及为什么自己更适合新项目等内容，店长们再结合员工平时的表现等各个维度判断他是否合适。

项目店长的薪酬设置

石金忠团队店长的薪酬设置比较简单。店长工资 = 基础工资 + 抽成 +1/4 的年终奖（即上面提到的季度奖金）。

先谈一下基础薪资。店长的基础薪资很低，只有 2000 元，但是最终店长到手的月收入有 2 万元以上。之所以把基础工资定得很低，是为了筛掉只注重基础工资的应聘者，希望店长关注更多的是后期的发展。

当然，这么做弊端也很明显，会错失很多优秀的运营。

一般外部招聘时，如果石金忠很看重这个面试者，而面试者更关注利益，石金忠会把所有店长的平均薪资拉出来，告诉他，可以拿到行业内比较高的工资。如果面试者更关注发展，就谈一下公司的发展前景，未来规划。

如果是内部提拔的员工，因为内部员工对公司很了解，就不用过多讲解，能降低一些沟通成本以及信任成本。所以，石金忠基本会优先考虑内部的提拔。在提成方面，石金忠之前设置的销售额提成是销售额的 2%，除此之外还有 KPI（绩效）的考核等。

石金忠在给店长设置目标销售额时，会使用拆解法。比如年销售额要做到 4 000 000 元，拆解到每个季度就是 1 000 000 元，那一个月只需完成 30 多万元。只要完成这个目标，每个季度的奖金就有 15 000 元，全年就有 60 000 元的奖金。

这么做的目的是让员工有更清晰的概念，并且让员工觉得完全可以做到的。

| 蒋晖点题 |

我一直是鼓励电商公司多开店的。因为淘宝让每个单品达到的排名是有限的，多个萝卜可以占领多个坑。不同店铺还可以专攻不同的定位，你占领 28 元市场，我占领 58 元市场。

最重要的一点是能形成良好的竞争，每家店铺做好都有很多运营细节，多家店铺运营就会不断 PK，不断学习进步，老板只需坐山观虎斗就行！

如何做到每个环节节约 10% 的成本

乔峰，进入电商行业8年，擅长团队打造和供应链成本控制，他是如何做到每个环节都比对手节约10%的成本？

为什么要控制供应链成本

供应链成本控制简单来说，就是如何减少成本开支。

乔峰主要是做旅行收纳产品，比如旅行收纳包、化妆包和洗漱包等。收纳包成本主要包括原材料固定成本、工人工资和管理成本三部分。通过控制三个部分中的每一个细节，从而减少成本。

他的工厂通过控制每一个环节，产品成本比江浙沪和义乌工厂的生产成本还要低。

控制原材料成本

控制原材料成本，要求有计划地采购，并且需要一定的经验积累，下面是乔峰总结的一些经验。

1. 数量大的采购，如何减少成本

比如需求量比较大的布料，乔峰团队都是去源头工厂买，不会直接从义乌供应商那里拿货。因为义乌供应商基本都是中间商，也是要到源头去买。找到源头，就能减少中间商吃掉的部分差价。

当然，这样做有一个前提，采购的量要大，才能把价格压低。

2. 量不大的采购，怎么减少成本

小批量的布料，他一般会在义乌采购。如果还想以低价格拿货，可以和当地的同行抱团，把每个环节上游的供应商控制好，因为抱团，可以把价格降下来。

成本更低的方式，就是包下几台工厂织布的机器，自己买原材料做，织布成本更低。

3. 什么样的工厂有优势

大多数人都存在一个认识误区，所有的产品只要从工厂拿货都是最低价。实际上不是这样，比如乔峰做包的网布，他的采购成本会比义乌市场低10%。

他不愿意和大工厂合作，因为大工厂人员配置高，管理费用高，报价也高，所以包的成本肯定高，他们找原材料源头的小工厂做，小厂比较有优势。

在小厂面前，他们的需求量很大，算是大客户。

小厂的费用低，基本是夫妻小作坊，管理费低，常年做一种布料，价格比较便宜。所以，他一般到一个地方，就会了解当地的货源情况，慢慢积累下来，就会比较清楚。

控制生产成本

乔峰是怎样控制生产成本和管理成本的?

他不再找江浙沪附近的工厂做，因为这几个地方的工厂在人力成本、管理费用以及税收上负担大，现在很多工厂都往外迁。他们一般找外围的工厂，比如在安徽、河南和江西等地制作。

这个时候，大家会担心一个问题，价格便宜，品质怎么保证?

他们是这么安排的：每一种产品或者相似的产品会安排一条生产线，培养技术人员，他们再回去教工人。每一道工序只让一个人做，因为产品都很相似，工人上手比较快，产品质量和出货速度都很快，相应的产品生产的工序成本会低一点，容易控制生产。

网上有很多产品价格很低，他们之所以能做下去，还能挣钱，就是因为会在原材料、工人工资以及管理费用上进行控制。

如何找到合适的工厂

关于寻找合适工厂的经验，这里总结了三种途径：

1. 培养工厂

乔峰是比较喜欢交友的人，认识很多工厂里的管理人员。如果有比较熟的人，比如经验丰富的工人，既会排工序，也会控制质量，懂做包的整个流程，想要创业，乔峰会给他投资，给予资金上的支持，让他回老家创办自己的工厂。

乔峰把产品的订单都给他的工厂做，要求只能做自己的订单，只要收入比之前高，对方会很乐意做的。

2. 观察商家货源的发货物流信息

可以在商家关注你所做的类目的产品货源，看它们的物流来源，去找它的上级工厂做自己的产品。

3. 地毯式寻找

如果时间比较充裕，做包的商家可以直接开车去集中做包的工业区找，但是效率比较低。可以借助工具，类似天眼查、企查查等。输入你要找的产品，就可以找到企业资料，按照联系方式进行询问，有满意的厂家，再进行线下考察拜访。

| 蒋晖点题 |

为什么很多人认为供应链很重要？因为供应链直接影响成本。现在竞争越来越激烈，控制好成本，就能增加产品的溢价空间。

而供应链优秀的企业，在成本控制方面，做得都很好。

比如一个标品，卖 30 元，一个月卖 10 000 件。如果你的成本比别人低 2 元，可以卖 28 元，这样能卖 30 000 件，别人就没办法和你竞争。

很多行业，技术好的也竞争不过供应链强大的。

学会电商管理十要点，轻松当老板

牛大力，是办公设备类目卖家，有一家天猫店铺，一家京东店铺。他认为做舒服的生意很重要，擅长管理。

坚守底层逻辑

所有的事情都是有逻辑的，文艺一点来说，就是不忘初心。

牛大力是从一个人独自打拼开始的，现在拥有 3 家公司，四五十个员工。他从 2013 年开始做电商，当时做贷款，目标很明确，就是想赚钱。虽然人员少，但很赚钱。后来开始追求规模和效益，人员多了，效率却越来越低，赚得还没有以前多。

他发现任何事情都要遵循最底层的逻辑，才能做得比较轻松。比如做生意就是赚钱，招聘和管理员工，就是为了找到能帮助我们在竞争中取得优势和完成任务，能帮助公司赚钱的人。

那么如何定义小公司老板、管理者和员工呢?

对于小公司来说，没有传统意义上的老板或者管理者，他们只是员工的服务人员或者平台服务商，帮助员工完成任务，提供资源。

公司需要的也不是员工，只是需要能解决公司在赚钱时遇到的问题的人。只要能帮助公司解决问题，都可以称之为员工。因此，管理者需要管理的是目标和任务，只要能解决问题就可以，而不是管理人。

管理须知十大要点

1. 充分接受人性的恶以及懒惰

很多老板不能接受员工拿了工资但是不认真做事，偷懒耍滑。其实，大可不必如此，因为人的本性就是这样。公司要做的就是帮助员工克服人性的懒惰，帮助他们成长。

2. 坦然接受员工的辞职离开

接受员工的离开，不要太过纠结，不断地变化才是公司应该有的发展模式，愿意一直跟随的员工很少。如果员工辞职是因为遇到困难，老板要提供帮助，没办法提供帮助的，也要办一场欢送会。

3. 小公司，简简单单就好

对于人员比较少的小公司，一开始不用过于追求各种考核，太费精力。应该考虑如何完善公司运转流程，让新员工和老员工知道，遇到问题可以向企业寻求帮助。

4. 没有人喜欢被管

没有人愿意被人改变，因为被人改变就意味着要承认自己之前的错误。所以老板不要想改变员工，而是要想办法让员工自己做出改变，因为真正的改变一定来源于自身。

5. 没有人喜欢被隐瞒

善意的谎言也是欺骗，公司需要的是透明。每次组织新员工聚餐活动，牛大力都会讲一遍他的经历，以及对一些事情的看法，也会让员工进行分享，让别人了解自己，同时也充分地了解别人。

6. 没有对事不对人的说法

所有的事情和情绪对的都是具体的人，因为人本身就是感性的。当一个你不喜欢的人做错事，你会非常生气；而一个你喜欢的人做错事，你可能就没有那么生气。

7. 人是感性的，情绪化的

人都有惰性，很多你所认为的理性，其实还是来源于你对事物进行判断之后，直接做出的感性的认识。比如，员工选择公司时，衡量最多的是收入等理性要素。但是离职时，更多是因为感性的因素，比如不喜欢老板、同事关系不好等原因。

8. 不要和员工争论对错

不要和员工争论对错，因为分清楚对错是为了分清责任，而不是证明是员工的错。争论对错根本没有意义。

9. 要用人之长，容人之短

公司用人，要清楚员工擅长的地方，因为小公司注重的是效率。至于员工的短板，等后期公司发展起来，可以让员工多学习，目前公司只需要员工各自做擅长的事情，帮公司解决问题。

10. 不要只偏爱聪明人，那只能证明你懒

大多老板喜欢聪明人，但是聪明人毕竟是少数，能为你所用的更是凤毛麟角。所以，作为老板，更应该去培养你的员工，使他成为聪明人，只要把 80% 的员工，都培养到有聪明人 80% 的能力的程度，你就会很轻松。

如何与员工进行有效沟通

在和员工沟通之前，需要明白一点，每个人的经历以及所处的环境不同，会造成认知上的差异。

所以，在和员工沟通的时候，我们应清楚地告诉他，要做什么？为什么要做？目的是什么？还要告诉员工，如果在做的过程中遇到困难，如何寻求帮助，以及要关心他的想法，这才是一个完整的沟通方式。

只有沟通得当，才能得到正确的信息和反馈，才能做对的事情，小团队才能发展下去。

另外，在和员工沟通时，最好把“你应该做什么”变成“我需要你做什么”。

比如公司需要加班，“你应该加班”和“公司需要你加班”，这是两种不同的方式：前者让员工感觉不加班就是错的，太过强势；后者让员工产生满足感，认为是在帮助公司。

如果有员工不愿意加班，不要问“你为什么不加班？”而是要问“你为什么需要下班？”可能是因为住得比较远或者要陪女友。

找出问题之后，可以有针对性地解决：如果住得较远，可以报销打车费用；如果是女友的原因，可以询问是否需要公司和他女友谈一下？有空请他带女朋友一起聚餐，这样沟通起来就比较顺畅。

找到合适的员工

离职率高一直是很多公司的困扰，为了挽留员工，很多公司会用提高薪资水平、福利待遇等方法。牛大力的想法不是这样，他们招的是不需要高薪、不会离职也不要管理的员工，从根源上解决这个问题。

每个人的需求不同，有的人需要激励，有的人需要用金钱做引诱。所以在招聘时，先挖掘应聘者的需求，再看公司是否能满足他的需求，这种方法用电商的说法就是精准流量。

公司这样做的好处是，在准备对员工委以重任的时候，不会有人悄无声息地离职，员工也不会有辞职的压力，可以直接和公司说。

招人的时候要坦诚，尽量降低别人对你的期望。因为很多公司招人的时候，许诺的与实际不符，员工会觉得受到了欺骗，这也是很多员工离职的原因。

|蒋晖点题|

我非常赞同牛大力的一个观点，就是正确看待员工的离职。

很多小公司为了留住人才，一味地提高工资，出发点虽然好，但是结果并不好。薪资太高，导致离职人员减少，公司没有新鲜血液进入。

初创业的公司，最核心的人才还是老板自己，员工只是这一阶段你要达到目标的过渡性人才。所以，对于员工离职，不必耿耿于怀。

打造“差异化客服”，实现多维目标

孙世杰，“狮友会”成员，从事电商5年，主营运动、户外和母婴产品，拥有一家近40人的客服外包公司，同时每年会注册天猫店铺用以出售来获取利润。

从众多店铺脱颖而出，加深客户印象，几乎是所有卖家的目标。通过打造差异化客服的方式，不仅提升了转化率，更使客户牢牢记住了自己。

户外运动从业经历

孙世杰从2013年开始做淘宝，当时他完全不懂如何做淘宝，也不懂直通车运营，只会上架、拍照、等客户，于是他就将全部精力放在如何使客户都下单付款上。

有客户进店时孙世杰非常认真，会珍惜每位客户，即使客户当场不买，也会尽力收取定金、约好下次购买时间。他一般会先利用问题互换信息，判断客户性别，决定自己的回复角色和语气后，再开始聊天，在解答专业知识的基础上，不断和客户沟通。

他当时最重视的是客服销售话术，会在打招呼、引导、聊天、带节奏、售后、要好评和让老客户转介绍等方面多花精力。后来通过贴吧、QQ部落配合引流，研究出了销售话术差异化。

那时他只做了第一个评价优化，后期都是客户真实去评价客服、店长和售后等，评价数量的增多和评论的真实性又带动了老客户转介绍，口碑很快就起来了。

改变死板话术

第一年赚到钱后，孙世杰进行了复盘和分析，认为 70% 的功劳在客服销售上。

他经常去同行店铺咨询、研究他们的话术，发现淘宝 95% 以上的客服聊天都很机械化，接待语第一句都是“在的，亲”或“您好，亲”，消费者购物多年，被这样称呼过至少几千次，不仅麻木，更感觉冷淡、官方，尤其是对于 90 后的消费者，更是如此。

而消费者购买价格稍高的产品时，往往会咨询两家店铺以上，在产品本身没竞争力、赠品又相似的情况下，只有客服服务不同，才会促使客户在本店成交。

所以孙世杰针对客服话术，会格外强调以下六点。

（1）绝对不可以说“亲”，必须忘记这个字。

（2）根据不同消费者随机称呼客户。比如称呼十六七岁的青少年为“老铁”；喊母婴用品女性消费者“小姐姐”“小仙女”等，要灵活变通。

（3）适当使用行业有趣的话或当下有趣的网络、二次元用语，引起客户的共鸣，拉近与客户的距离。

（4）只有客户强行讨价还价，或必须用官方形式表示时，才能用“亲”，其余时间全部避免使用。

（5）要尽可能多地使用语气助词和拟声词，比如“啦”“呀”“呢”，凸显热情。

（6）多使用表情包，拉近与客户之间的距离，客户会开心，能消除客户的负面情绪。

催单、催付话术

催付话术需要单独细说，因为很多客服与客户没有聊几句就开始催付，方式十分直接，这样既唐突又尴尬，客户很难体会到真正的服务，反而认为客服急功近利。

所以孙世杰会要求客服，如果在解答问题后已经与客户打成一片，可以直接催付款。比如“老铁啊，你看得怎么样了？”“这个产品行不行？”

如果没有与客户深入展开沟通，就先尽量不要催付，继续找话题多聊天，等印象较好后再委婉催付。比如“你需要今天发货吗？”“我现在帮你备货怎么样？”

催单同样要委婉，要做到“无招胜有招”。客服每天要将下单未付款的客户，或聊得不错但忽然不回复的客户进行标记。每天固定在某个时间段沟通一次，在3句话内，以开放式提问将客户重新引导过来。

比如用“你为什么会喜欢这个颜色？”等话题，围绕产品继续询问，等回复后再提及关键点。时机成熟可以催单就进行催单，不买可以先交定金。

但注意一定不要问封闭式问题，尤其是“在吗？”之类的问题，因为肯定不会被回复。

改变客服思想

很多客服会将工作定位为接待客户、回复问题和做好基础服务，但客服真正的职业是销售、业务和演员。通过客户问题了解客户性格、身份，制造聊天环境，扮演不同角色，形成亲近关系，增强与客户的信任感。

面对不同客户时，他是小哥哥，你就是小仙女；她是辣妈，你就是比她更专业的二胎母亲。利用不同身份进行有趣的聊天，可以让客户认为这是场有趣的购物体验。

其次，客服解答完问题后，要有来有往地向客户提问题。比如孙世杰的标品是自行车行业，就会问客户进骑行圈子的时间，是否有骑车经验等问题。让客服学会找话题聊，而不是死板地等待询问，既能表现出幽默、灵活的一面，又能加深客户的印象。

提升招聘门槛和培训水平

客服话术和思维差异化打造看似简单，但需要很灵活的员工才能胜任。他们在招聘时，人事专员会先添加应聘人的微信或 QQ，先通过网上聊天判断他的反应速度和灵活度，接着在实习期观察他是否会举一反三。

孙世杰将客服培训分为视频培训和师徒制。客服新入职后先学习销售部分的视频，学完后根据客服性格，判断他具体适合销售哪款产品，接下来要学习产品知识视频和仓库认货。视频培训完毕后会安排老员工带，新员工一旦开始回复客户，主管会坐在旁边看，直到出错率很低后，再安排老员工每日检查聊天记录。

差异化客服打造的好处

差异化客服打造的好处主要有两点：一是方便要好评；二是降低售后难度。产品出现售后问题时，让售前客服出面解决会非常容易。

| 蒋晖点题 |

孙世杰采用不一样的聊天方式，包括表情包等，恰恰是抓住了现在很多年轻消费者的心理，毕竟谁都喜欢不一样的体验，可以既有新鲜感又符合时代潮流。

他最后说因为售前客服节省不少售后费用，这点令人信服，毕竟售后是淘宝开店的一大难题。

他通过打造差异化客服，既能使自己脱颖而出，又加深了客户印象，卖出了产品，还有助于售后处理，真正实现了多维目标。

小类目大玩法，得供应商者得天下

阿坚，“狮友会”成员，主营商用厨房电器。

了解产品的产业带分布

对于卖家来说，选货是至关重要的一点。只要有好的供应商，利用他对于产品的熟悉程度，可以帮助你判断客户需求、解决潜在问题，你就可以在卖家中脱颖而出。

做电器类目的卖家都知道，电器产品的售后和升级在销售端是没办法实现的，所以供应商就显得尤为重要。

如果想找到优质的供应商，就一定要对产品产业带的分布特别熟悉。

因为有的产品在价格上有优势，但是和其他产品之间不能互相匹配。有的产品可以匹配，但是又没有价格优势。卖家要做的就是找到平衡点，做出一个完整的供应体系。

比如阿坚做的商用厨具类目，核心产品所在地非常明显，主要在广东、山东、安徽、浙江和河北这几个省份，每个省份的核心产品和优势又有所不同。

阿坚是广东人，对广东比较熟悉。广东的优势在于小吃店多，像烤炉、扒炉和关东煮用具基本都是产自广东，食品器械和制冷设备的产品质量也比较好，但是价格会比其他省份高一点。

浙江的食品器械和制冷设备卖得比较好，因为成本比较低，所以价格也低。但是品质不如广东的产品好。

山东的价格优势在整个行业里是最明显的，有的产品也比较好，比如冷柜、啤酒柜、煲仔炉和烤炉等。

所以，抓住这些省份的产业带特点，在选择供应商时，充分考虑产品特点，是极为重要的。

得供应商者得天下

目前为止，很多电商公司缺的不是运营，而是供应商和产品。阿坚团队认为，这是一个产品为王的时代。

像他们这种小类目，更注重产品的性能和功能。因为它会带来更高的客户满意度，以及更多的转介绍。

因此，在选供应商方面，阿坚团队会着重从以下几点考虑：

（1）产能。当产品的销量通过运营爆发时，工厂必须能保证足够的供应。

（2）品质。品质决定用户的使用体验，以及客户对产品的忠诚度。

（3）价格。他们的客户更注重性价比，也就是用同样的价格，买到的产品功能是否齐全。所以在同供应商进行谈判时，价格优惠也是重点之一。要注意的是，在进行价格谈判时，同时也要跟供应商谈好结算方式，这点在下面会具体说明。

（4）优化升级。因为商用型厨具属于功能性产品，而只要是功能性的产品，都存在产品的优化和升级。所以最后要看工厂有没有研发能力，或者有没有捕捉市场需求的能力。这决定着工厂是否能衍生出一个可以带来利润的新产品。

以上4点就是阿坚团队做商用厨房电器时，选择供应商的标准。

好的结算方式可以让供应商更放心

做过小家电的卖家应该知道，家电这一块市场已经是红海了。所以很多供应商在订货之前，都会要求先打货款。

阿坚接触的不少供应商，在一开始谈合作的时候，不会太看重数量，而是要看有没有一个利于他的结算方式。

所以阿坚团队的策略是：先打预付款稳住供应商，后期让供应商支持他们。这样做的好处是，既可以拿到产品价格优势，又可以提高供应商的配合度。

只要解决了供应商的这个担忧，在前端销售方面，就能更加集中精力迅速抢占市场。等数量起来之后，供应商会反过来从产品、售后和价格等方面，给予更大的支持。

对于参股供应商的一些思考

卖家在挑选供应商，供应商也在选择团队来做销售。在未来，做商用厨具类目的人，甚至会直接参股工厂。

到目前为止，商用厨具这个类目的前 10 名，估计 70% 都有工厂制造业的背景，因为他们最核心的产品都需要工厂保证产能。他们有价格优势去抢占份额，所以在销售量做起来之后，他们就会和工厂就换股或者参股问题进行谈判。

在商用厨具行业，年产值过亿元的供应商特别少，大部分都是千万元级别。这种工厂如果需要生存，就一定需要强大的销售端。这时候卖家就可以通过销售能力和资金的注入来实现参股。

在选择参股供应商之前，一定要想好以哪种产品卖点作为切入点，是做多样性、升级换代比较快的，还是做薄利的低端产品，否则贸然参股可能会造成亏损。

|蒋晖点题|

卖家到最后拼的不是运营能力，而是产品的供应能力，也就是供应实力。所以卖家在销售之间的比拼，同样也是供应商在生产之间的比拼。

卖家和供应商的关系，我分为三个阶段：(1) 把货做好；(2) 把成本降下来；(3) 通过自己对消费者的研究以及行业的沉淀，帮助供应商共同进步。

有效控制库存、管理 SKU 的好方法

李艳波，“狮友会”成员，专注做手机壳销售 9 年，目前手上有 10 多家天猫店铺。

2010 年开始卖苹果手机壳，抓住第一波红利之后，李艳波便在行业扎下了根。如今已经成为行业翘楚，经营着几十个小品牌、几百个型号的手机壳，管理着 2 万个 SKU。

为什么会做 2 万个 SKU

苹果、OPPO、华为和小米的手机壳需求量大，但是竞争也更激烈。小品牌的手机壳虽然需求量少，但是竞争也较小，只需要满足消费者对于手机壳的主要需求即保护手机即可，客户在没有更多选择余地的时候就会选择李艳波的店铺，他们的客单价比大品牌手机壳还要高。另一方面，小品牌的直通车点击单价更低，利润空间就有了。

目前李艳波做的有 400 多个型号，三分之一大品牌的手机壳不挣钱，由另外三分之二小品牌的手机壳提供主要的利润支撑，这就是他们的产品布局。

但是这样布局之后，一个型号就意味着一条产品线，而每条产品线中每个产品会有 5 ~ 6 种颜色，400 多个手机型号分别制作一条产品线就有近 3000 个 SKU，几条生产线加在一起就将近 2 万个了。

玩转 SKU 的基础

做好 SKU 的基础是一定要上 ERP（电商订单管理系统），目前李艳波团队用的是 E 店宝 ERP，其他 ERP，比如网店管家等都是可以用的。有了这些系统，在管理产品的进货、销售和库存时就方便多了，也在很大程度上提高了工作效率。

有了 ERP 之后，员工工作起来也会更加规范。

入库——供应商来货，每个产品分别贴条码，批量入库。

出库——每卖出一单，用扫描枪扫描出库。

日常盘点——日常工作中，库存数量有出入，要及时盘点。每天进行一次日常盘点，每年进行两次大盘点。同时，还会分产品、分区域不定期盘点所有产品的 SKU，发现问题，快速进行调整。

另外，要注意团队方面的建设。

SKU 多，如何让人员运转起来，也是一个比较重要的问题。

李艳波的产品线，一共有 14 个团队。团队先去寻找适合自己的产品，然后把产品拿过来和他讨论，不合适的产品要及时否定掉。

他们选择的产品，要尽可能适合多型号的国产手机，如果不符合这个条件，又不满足小批量订货、快速供货的模式，这个产品就不能选择。

每个产品都有生命周期，一般一个产品的生命周期是 2~3 年，所以一年只要能操作一两个产品线，那么常规就可以操作 5 ~ 6 条产品线，进行滚动循环，老的产品线淘汰后，新的产品线可以建立起来。所以他们会不停地更换产品线，当老产品线寿终正寝的时候，让分销商和店铺进行清库存，大部分都可以清掉，死货的比重控制在能接受的范围就可以。

解决库存

多SKU，是非常占用资金的，好卖的产品会出现缺货的情况，不好卖的产品会产生积压库存。

所以并不是把所有SKU上架就可以了，一定要让它们发挥活性，周转起来。

首先是生产周期要短，这与产品类目有关。手机壳目前的生产周期在2～3天，因为工艺比较简单。深圳产业链足够发达，可以选择的供应商非常多。

想要解决好库存问题，只有在生产周期短、供应商配合好的情况下，才能在缺货或者买家下单后及时补货，这样一来总的库存量就会降低，安全库存的周期会缩短，整个循环是比较快的。

让每个SKU都有销量的技巧

李艳波团队的店铺多，渠道也多，十几家天猫店铺，十几家京东店铺同时在卖。但是各有各的侧重点，因为他们的产品要分产品线和型号，每个店的主攻方向都不一样。

李艳波团队一共有500多个分销商，分销商多的好处是，可以提升产品的动销率。有的产品他们自己卖得不好，但是分销商卖得很好，这样他们卖不出去的产品分销商可以卖。他们也是因为有数量较多的分销商为基础，才敢做这么多SKU 。否则很容易出现好卖的货经常缺货，不好卖的一年都卖不完的情况，库存积压就会比较严重。

SKU数量多，就需要足够大的仓库。他们选址在东莞凤岗，毗邻深圳，租金比较便宜，只有深圳三分之一的价格，仓库面积比较大，有4000平方米，可以存放将近200 000SKU产品。

李艳波要求供应商能进行小批量生产。小步快跑的方式更容易满足需求，单次的起订量不要太高，通过ERP按销售订生产。如果安全库存设定为7天，那么一般下的订单就是7天的销量，回货按照7天订单生产。

生产商之所以能快速小批量生产，和李艳波的选品有关。只选择生产周期较短，同时方便小批量生产的产品，如果产品没有这种特性，一般是不会做的。

深圳、东莞和惠州地区手机壳产业链足够发达，每一道工序都有专门的供应商，专业度高，所以只需要把他们串联起来，就可以达到小批量生产，反应也比较快，如果把控不好供应商和供货周期，做的SKU多就是灾难。

| 蒋晖点题 |

对于在淘宝上有一定野心的卖家来说，做之前一定要思考，把精力花在哪一个环节会最有效果。

李艳波之所以能管理好这么大批量的SKU，与他选择的产品、选择的模式有很大的关系。

如果产品是有差异化的，选品最重要；差异化小的产品，页面最重要；没有差异化的产品，拼的就是价格了。在推广上，竞争小的产品，SEO（搜索引擎排名优化）最重要；竞争大的产品，广告最重要。

不做销量也能打败对手，持续盈利

姜昇，2018年创业，主营家居、家装配件。目前有4家天猫店铺，两家京东店铺，16家C店，其中有3家天猫店铺都维持在五六阶层。

不做销量也能盈利

姜昇是做家居、家装配件类目的，与同行普遍低价模式不同的是，他们的产品客单价偏高。

2018年3月他新开了一家装饰画店，但10月时，在整体销售额中做销量的比例占80%，即使后期排名做到了前三十名，做销量的比例也占了50%。之后他们在销量不变的情况下，维持住了整家店铺的成绩，保持流量不下滑，主要是通过以下几个方法做到的。

1. 抢占搜索流量

目前姜昇公司是以搜索、直通车、钻展和首页作为主要流量端口的传统运营模式。另外，他们在2019年开通了直播、百家号等自媒体，开始尝试新媒体玩法。

手淘搜索流量就是“坑产”的体现，这个单品如果在排行榜有相对应的位置，就能获取相对应的访客。另外，很多人为了补充“坑产”，也会做销量。

2. “吃亏让利”，提高询单转化率

做销量本身就是一种推广。既然要做，还不如把这部分利

让给客人，就算有时让利部分的花费是做销量的两倍。

姜昇公司产品的毛利率在70%左右，在此基础上的支出还是可以接受的。具体的做法是在产品销售过程中，设置一定的议价空间。

比如SKU的客单价800多元，但是客人实际上只想要500多元段位的产品，他们就会要求客人拍最高SKU的一个价格，再用返差价的形式满足客人的需求。他们有专门的客服负责返差价，差价返完之后，坑产一般能达到做销量的效果。

他们用这种让利的方式，把做销量的费用返给客人，如果客户有这方面的需求，基本上不会拒绝推荐。

推荐完以后，客服会进行连带销售，也就是让这客人拍下指定款、指定金额的产品。目的是为了达到拍一单，实际上拍两单的效果。所以一旦交易完成，那么拍下来订单，已经把当天的坑产填补了，这时他们就已经去掉了做销量费用的80%。

客服等于运营

姜昇公司没有运营，只有客服部、设计部、财务部、行政部和总经办（也就是姜昇本人）。客服主管手下有20多人。

1. 为什么不设运营岗位

有人说，运营很重要，他能发现一些新的渠道等。现在市场上大部分运营做的工作，就是做销量、选款、看数据、做直通车等，客服完全可以替代。可能唯一的问题，就是运营懂做销量，但是客服不懂。

2. 客服询单转化率能达到 50%

姜昇的装饰画公司，客服询单转化率在 51.2% 左右。姜昇了解过很多同行，他们的客服询单转化率，基本上都在 28% 左右，极少数能高于 40%。

他们是怎样做到如此高的询单转化率的？

通过模糊客服和运营的岗位职能，让所有运营人才，或者客服人才懂产品，从产品的角度去进行营销、推广以及实操。

所以在招聘时，姜昇会放宽标准，因为有人可能想学运营，有人想做纯客服，有人想进阶。入职前，会有入职培训，主要教新人用生意参谋等软件进行数据分析，客服只有会看数据，才能更了解自己的产品，在工作中更好地推广产品。表现优秀的客服，逐步晋升到客服主管的职位。

公司员工晋升机制

因为姜昇日常工作中要求客服学习运营知识，所以当客服晋升到客服主管时，能力已经和专业运营差不多了。而且晋升到客服主管后，也会刺激客服主动进行职业规划，慢慢地在公司中形成一种良好的竞争氛围。

| 蒋晖点题 |

90% 的卖家必须学习做销量。但是会做销量就能赚钱，已经是 5 年前的事情了。因为同行也都会做，同时成本比较高。

现在如果不清楚其他的运营知识，那么赚的钱是不够花费的。建议大家争取多从其他方面提升自己的竞争力！

做好客服，转化率从 5% 提升到 8%

吴加川，“狮友会”成员，经营易拉宝、注水旗杆等半定制产品，目前有 5 家天猫店铺和 2 家京东店铺。

渠道入手

半定制类产品非静默下单（指客户会经过咨询后下单）占比较高，吴加川通过用自己的方法，成功把转化率从 5% 提到 8% 以上，打造出热销产品。

提升转化率需要清楚流量来源，从流量渠道入手，各个击破。比如他店铺某款商品，没有开直通车，流量主要来自手淘搜索、我的淘宝、购物车以及手淘旺信。

手淘搜索，客户通过搜索关键词进入店铺，主要看到的是页面和评价。卖家重点要放在页面和评价的优化。

我的淘宝和购物车，可以在客户运营平台、智能营销、自定义营销和购物车营销里运作。对意向标签人群开展定向打折、发放优惠券等营销活动，从而挽回一部分精准客户。

手淘旺信，可以提高询单转化，是所有提高非静默下单产品最需要做的事情。

怎样通过客服引导做基础销量

店铺上架新品，需要销量螺旋式递增，设定每天的销售计划。

完成销量计划表上的订单数或者服务人数是每位客服每天

的任务，没有完成的员工，需要加班完成。每位客服可以通过以下几种方法，增加订单数。

1. 酌情让利

客服要以成交为导向，抛开正常销售成交。如果是有意愿但是没有付款的客户，客服拿捏好分寸，给予优惠。

2. 虚物实拍

有些客户，需要补差价、补设计费等，也需要付款，都可以要求他拍产品链接，然后备注需要服务的内容，从而达到成交目的。

3. 爆款带动

要看产品之间的关联程度，可以设置一些搭配套餐。比如购买空调罩的客户，也会考虑购买电视罩。一些客单价比较低的产品，哪怕没有关联程度，也可以免费赠送，但是为了成为产出，可以让客户直接拍下，然后微信返款。

4. 任选赠送

客服平时的返款加一些引导，可以在微信上积累客户。每位客服对应平时维护的客户，留意他们需要的产品，30 元以下的店铺产品都可以免费赠送。可以发朋友圈或者直接找意向客户下单。

如何激励客服出大单

吴加川店铺的很多产品需要定制，而且客单价差异化极大。这就需要对客服环节进行很好的管理。

以结果为导向，制定激励政策。客服考核唯一的指标就是询单转化率，如果这个数据好了，其他数据肯定都不会差。

公司给客服制订了提成阶梯：询单转化低于35%没有提成，大于等于35%提成为销售额的0.5%，大于等于45%提成为1.2%，高于50%提成为2%。客服最高可以拿到每月9000元以上的工资。

设计岗位考核的唯一指标是有效设计数量。设计得再好，如果数量不达标，那么对于公司来说也是损失。

由于工作比较烦琐，所以公司的激励以周为单位，周期比较短，激励效果更好。

周奖励制定3个奖励标准：询单转化率第一名，奖励200元，可以坐龙椅；设计数量第一名，奖励200元，坐狮王椅；成交金额第一名，奖励200元，坐虎头椅。

客服管理可以购买赤兔软件，同时可以通过电视大屏进行实时直播，营造竞争的气氛。这样可以激励客服拿到更高的工资，达到公司想要得到的结果。

座椅的文化，是学习“狮友会”另外一位大咖的做法，非常有效果。

|蒋晖点题|

吴加川抓住了他所在行业的特点，就是可以出大单，所以在客服这个环节上下了非常大的工夫。

同时，他非常善于学习，刚加入“狮友会”，就学了很多东西，并应用到了自己的企业中。

老客户开发篇

老客户开发，离不开线下微信布局

Daniel，拥有5年线下钟表零售管理从业经验，旗下运营线有300多家，管理超过50个合作品牌。

“新零售”时下炙手可热

近几年，无论是新零售，还是无界零售的观点经常被人们所提及。现在线上流量分散，价格又高，所以大家希望能通过线下借流量引到自家平台上来售卖。其中布局微信后端就是一种方法。

目前，Daniel正在探索一种完整的全渠道布局业务。也就是说，不单纯做线上，也不单纯做线下，而是线上和线下一起联动发展。

如何在线下开一家表行

1. 收集项目信息

收集项目信息，是给店铺找个合适的位置。前期要做大量信息储备工作，这里有很多选择。很多商场是总部招商，例如成都IFS、西安中南国际；还有的是区域直接招商，例如凯德。

还有一些是单店，就是商场的权限比较大，进行单店招商，例如华人之地、万象城、万象天地、万象汇和大悦城。

实际上刚开始做线下，最常见的还是在熟悉的地段寻找，比如当地的大型住宅区或者区域性商场。如果在当地有很好的人脉和资源，让朋友介绍其实是比较可靠的。

2. 进行项目评估

项目的各个要素都是评估这个项目可实施性的关键，主要包括：

（1）城市概况

整体消费水平和经济状况良好；人口基数大，商圈人口数量高于 20 万人；当地经营的人脉关系好；相关品牌在当地的销售情况好。

（2）项目背景

开发商背景：优先选择连锁企业，有成功商业项目开发经验的开发商；

物业权属：优先选择物业自持，优先选择招商运营一体化的项目；

物业情况：商业面积高于 5 万平方米，拥有住宅区、写字楼、酒店等配置最佳，硬件及支线设计符合商业规范。

（3）项目位置

商圈：首选成熟商圈，判断周边住宅数量及入住率是否满足要求；

交通：便捷程度（是否有公交、地铁、车位）；

竞品：考虑此项目类别与周边商业项目相比，在位置、硬件、招商和运营等方面是否有优势。

（4）招商情况

各楼层主力店及次主力店；品牌级次；开业率。

（5）商务谈判

谈判中说的每一句话，做的每一个动作，都有可能促进合作或被淘汰出局。所以一切要以与决策人对话为前提，不然一切都是白费力气。

第一步要建立良好的联系。彼此认识、熟悉，建立友谊，挖掘对方需求，揣测合作意向。

第二步要注重位置的选择。

楼层：在1层或者地铁上盖有密集客流的B1层；考察周边品牌的搭配；店铺是否落在主动线上；店面要无遮挡。

第三步要确定商务条件。

扣点：进口表6% ~ 10%，国产表12% ~ 15%。

租金：每个月150 ~ 300元/平方米。

3. 看合作条件，或者成本

做线下最核心的就是成本和产出一定要匹配，不然会非常难做。

4. 跟进

注意装修的跟进。

微信布局与门店销售

线下的实体店安排好以后，商家就可以着手利用微信打造线上与线下的联动模式了。

那么微信布局应该怎么做？

• 如何利用微信布局门店销售

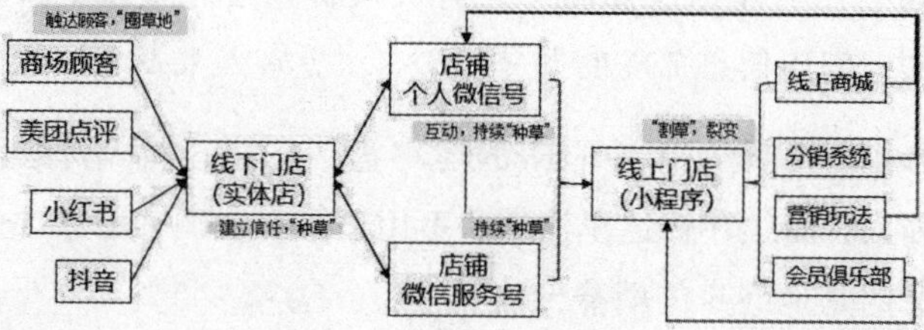

Daniel 的运营逻辑是，先把商场、美团点评、小红书和抖音的顾客吸引到店里来，让他们在店铺消费并对店铺建立信任，用现在流行的说法就是“种草”。

“种草”完，通常 Daniel 会把顾客添加到两个地方：一个是店铺个人微信号，进行持续互动、持续“种草”；另一个是店铺微信服务号，因为服务号不会被折叠到订阅号里面，所以客户更容易接收到推送。

另外，可以借用小程序开店。现在小程序发展很快，有不少功能对卖家来说非常实用，当然，前提是能做好。

他们把小程序切成了两部分：一个是线上商城，它链接到店铺微信号的一级栏目；第二个是会员俱乐部。

用小程序可以发送优惠券和优惠码、做团购订单返现、限时折扣、秒杀、支付有礼、赠品和找人代付等，基本上你能想到的功能，上面都有。

小程序的另外一个优点就是在会员俱乐部里，能开发周边产品。例如有人买了手表，他可能会拿积分或者积分加钱去兑换表带。所以 Daniel 的店铺复购率是比较高的。

门店像一座信息孤岛，只有被人看到才有曝光率。我们要想办法把门店信息孤岛的壁垒打破，让更多人来发现我们的店。

核心还是要把手中有限的客户盘活，让这些人持续给店铺带来新人，持续在你这里消费。不用过分在意顾客的单次消费，要在意的是他终身的消费价值。

以上做法，除了能让顾客在 Daniel 的店铺里多消费之外，实际上更多的是想通过整个链条的发展，让顾客对公司的业务、店铺、平台和微信号产生信任，最后形成好的口碑，分享给更多的人，这个才是 Daniel 最核心的诉求。

|蒋晖点题|

Daniel 的这套线上线下同步运营的做法非常高级，重点是布局细致，思路清晰。

如果你是围绕实体店运营，可以学习微信运营的做法，把店铺周边的流量激活，增加实体店收入。

现在很多卖家意识到淘宝流量成本越来越大，把用户吸引到微信，可以创造更高的利润。

左手淘宝，右手微信，将来会成为更多卖家的标配。

淘宝客户导入微信，深挖后端利润

老叶，“狮友会”成员。他是如何从零做起，通过微信后端获取利润的？

他的电商之路

老叶从2012年开始做潮牌男装类目，至今有7年了，他一直做的都是C店。虽然做淘宝时间不短了，但是谈到做淘宝的专业技巧，他还是一知半解。

老叶做得比较好的是微信后端，他为什么会想到做微信呢？

他去广州做淘宝，客服、美工和运营都是他一个人，喜欢潮牌的客户又大多是学生，在聊天时知道他是在读书中途出来创业做淘宝的，很感兴趣，就加了微信。

他当时并没有把微信作为销售渠道，只是偶尔在朋友圈发一些市场上比较好看的款式，有的老客户在朋友圈看到产品图片，会直接让他帮忙代买。

他觉得这个比淘宝更简单，所以后期淘宝每成交一笔，他都会尽量把客户引到微信。

如何打造微信后端

对于微信后端的打造，老叶做得比较成熟，拥有多个类目微信号从零打造的经验，下面是他总结的3步打造微信后端的过程。

1. 养号维护阶段

（1）IP 定位：微信号个人形象和背景故事的设计。

（2）朋友圈文案布局：40%的日常生活，20%的正能量，20%的产品，20%的团队。

建议：不要只把微信当作交易工具，虽然后期的目的是出售产品，但前期还是以加粉和维护为主。

老叶在打造新账号时，前一个月不发广告，只发一些店主的创业信息、店铺新品、幽默搞笑的段子和互动的文案，也会在深夜分享一些令人感动的文章。

文案要提前备好，做前期的维护工作是防止被新加客户屏蔽或者删除，导致前功尽弃。

这一步是最重要的，一定要做好。

2. 引流成交阶段

（1）引流加粉：包括主动加粉，话术的打造，被动加粉卡片的设计，粉丝裂变的设计。

淘宝卖家对引流的方法都不陌生，在话术方面，建议大家要不断测试，用转化率最高的话术，并且话术要进行定期调整。

（2）建立信任：开展浅中深层次的聊天。

微信号介入一个新客户，首先通过头像、名称和朋友圈判断客户的性格，根据不同性格的客户使用不同的话术。前期让客户对你有印象就可以，后期再逐渐聊熟。

（3）建立标签：通过用户的属性、喜好和消费能力对客户进行细分。

老叶团体的客服每加一个客户，会把淘宝订单中客户的信息备注到微信，比如旺旺名称、身高、体重和姓名等，甚至还包括客户的区域和地址，通过这些信息，与客户打开话题。

通过这些方法，在后期客户回购时，也可以快速了解客户的信息，提高客户好感度和信任度。

（4）有效的互动：通过朋友圈文案的布局和用户进行互动，直到聊熟。

通过朋友圈的评论和客户进行有效互动，如果客户回复了，客服就会主动私聊，然后与他聊熟。

团队有专门人员截图整理比较成功的聊天案例，分享到工作群，如果下次遇到相同的情况，可以用相同的方法去操作。

（5）产生交易：通过透明化的产品切入，促成第一次交易。

大多数卖家不愿做微信后端或者认为微信后端做不好，是因为太心急，正常从客户加到微信到首次成交，至少需要 1 ~ 2 个月的时间去维护，而付费引流等方式的推广效果会更快、更直接。但是如果把微信维护好，后期的成交会越来越容易。

（6）寻找适合自己用户群体的产品：通过朋友圈对各种产品进行测试。

淘宝前端和微信后端在思维上还是有差异的，因为淘宝前端更多的是做爆款，把一个产品卖给更多的用户，而微信后端是把更多的产品卖给同一个客户。

对于老叶团队而言，前端只是用来筛选客户，挖掘客户需求的，而后端会通过不断的测品，挖掘更多的产品。

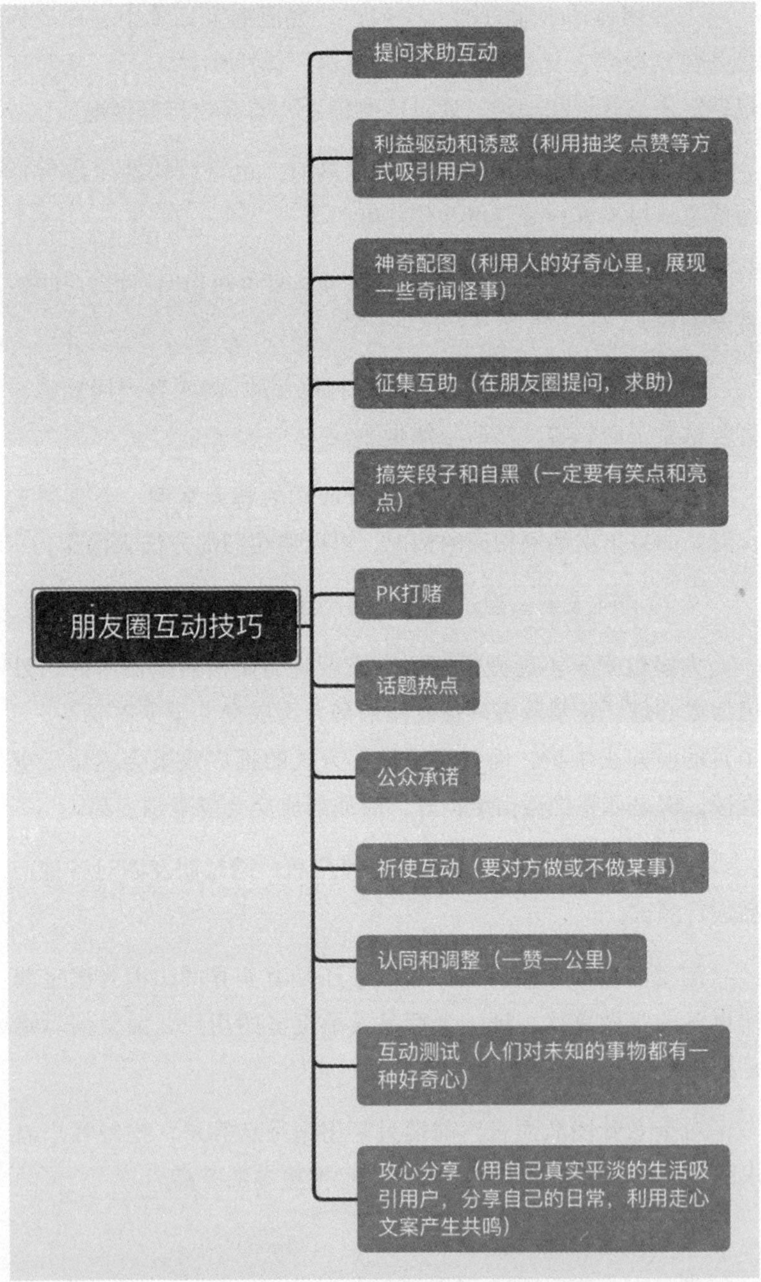
朋友圈互动技巧
提问求助互动
利益驱动和诱惑（利用抽奖 点赞等方式吸引用户）
神奇配图（利用人的好奇心里，展现一些奇闻怪事）
征集互助（在朋友圈提问，求助）
搞笑段子和自黑（一定要有笑点和亮点）
PK打赌
话题热点
公众承诺
祈使互动（要对方做或不做某事）
认同和调整（一赞一公里）
互动测试（人们对未知的事物都有一种好奇心）
攻心分享（用自己真实平淡的生活吸引用户，分享自己的日常，利用走心文案产生共鸣）

3. 复购加绑定客户终身价值阶段

（1）培养用户的复购：客单价的递增，交易次数的累计，丰富产品的多样性。

前面提到老叶会给客户备注和打标签，对于复购率比较高的客户，会让客服定期去给他们的朋友圈点赞评论，并且主动找他们聊天，因为微信后端 80% 的营业额是由 20% 的客户贡献。

在维护老客户的同时，还会不断开发新客户。关于朋友圈的互动文案，上图是他总结的技巧。

（2）客户锁销：通过锁销策略，用会员机制绑定用户，实现终身价值的培养。

深度挖掘微信后端的红利

其实，之前老叶一直很羡慕销售额做得很高的卖家，因为如果年销售额 1000 多万元，利润就在 200 万元 ~ 300 万元。按照这样推算，几年后利润应该有几千万元，但实际上他们除去管理成本、推广费用等支出，利润压力也很大。

因此，他建议淘宝卖家多重视微信后端，只要把客户后端价值挖掘出来，会发现推广费用并不贵。

另外，老叶团队也有一些助理账号，专门负责比较细分的产品，比如专门做奥特莱斯球鞋代购或者定制产品等，把感兴趣的客户引导到助理账号。

|蒋晖点题|

现在越来越多的卖家开始重视微信后端的变现，把淘宝作为引流入口，把微信作为销售市场。

因为如果把微信的社交关系维护到位，客户的终身价值会被拉得非常长。

不过，想要做好微信电商还是有难度的，因为微信电商更注重的是文案和销售能力，选择产品在一定程度上只要找到适合的就行了，但是要做好文案和销售，却不是那么简单的。

让老客户入股店铺，成为中坚力量

欧阳蜀干，海淘代购转型专营店铺，只做高客单产品，两年时间做到全渠道月销售额 3 000 000 元。

经历介绍和想法起源

众筹，相信大家都听过这个词，可能也参与过京东和淘宝的众筹，也就是产品众筹，但是众筹还有其他的模式。

欧阳蜀干的电商项目从 2013 年开始，前期做海淘代购。在代购的过程中，发现一个很冷门的品牌，性价比非常高，2014 年他开始专门做这个品牌。

因为欧阳蜀干做的是海淘代购，就建了一个微信群。但是由于运营做得不专业，再加上是代购，没有囤货，很多产品其他人也可以做，他的团队进入了瓶颈期，每个月的销量都是十几万元，没有增长。

后来有个契机。他是学广告的，毕业论文是《众筹模式对于小微企业的传播价值》，这个毕业论文与当时他的情况非常贴合。作为一个小微企业，消费者往往对产品不够了解，广告推广费用不足，团队的竞争力和执行力也不强，所以欧阳蜀干决定做众筹。

众筹具体实行方法

欧阳蜀干的团队最开始的计划是做产品众筹，因为他们是代购，如果客户可以先选好产品并且支付定金，资金和库存压力都比较小。

一开始，他们入股资金比较低，但是响应的人很多，最后有25位客户有意向，他们也就成了初始股东。欧阳蜀干用这笔资金开了一家企业店，由于订货量够大，他们从代理的品牌那里拿到了独家授权，在2017年开了天猫店铺。

众筹的效果

其实小微企业最大的问题就是如何传播，一家小微企业如果花费足够多的精力去研发产品，就没有太多的精力去做传播。同理，如果把所有的精力去用作传播，那么必然很难雕琢产品。

而众筹却可以让这些用过并了解产品的人，成为代理和股东，为他们做推广，而他们只需要做好一点，就是把产品打磨好。有了股东之后，公司举行任何活动，股东都会成为活动顺利举行的免费传播者和实行者。

欧阳蜀干认为低客单更适合做产品众筹。因为你需要优化产品，有些消费者对产品会有更高的要求，这时就可以把他们的需求集合起来，然后让他们先拍预售链接。例如拍了1000份或者拍了几千份产品之后，就可以找供应链，然后再生产，这样资金压力和库存压力会小很多，还可以做好产品的优化。

遇到的问题和困难

当然，欧阳蜀干一路做下来，也遇到过不少问题，最突出的就是信任问题，因为众筹是一个大众不了解的东西。

欧阳蜀干团队做的并不是产品，也不是推广，他们做的就是一个共识，让消费者跟他们达成一个共识。

最开始欧阳蜀干的姐姐是以一个类似小网红的地位出现的，因为她比较时髦，做的又是海淘，很多粉丝非常信任她。所以，团队一直保持着这个形象，维护住粉丝的信任。

形象问题解决了，一些人对他们还是心存质疑，不知道是否真的能赚到钱。他们想过很多方法，把他们的企业店包装成一个高端项目推销给客户。

可是这些并没有太大作用，客户不关心这些。后来，他们就只给客户和代理分析，投了钱之后，每年能得到的收益是多少。同时，也展示一些团队的发展进度和前景，这些方法都是很有效的。

| 蒋晖点题 |

众筹是时下比较流行的一种筹资方式，一般采用的是全程公开透明的模式，募集资金，召集志同道合的小伙伴一起创业，是相对理性的市场行为，有条件的卖家可以考虑一下。

欧阳蜀干的分享，也让我打开了新视野，做电商原来还可以这样玩。不过这个玩法也并不像表面上那么简单，最难解决的是信任问题。

另外，我要强调的是，如果你是一个客户，想要通过参加别人发起的众筹项目赚钱，还是要擦亮眼睛，避免投入的资金打了水漂。

新店如何通过老顾客资源打造爆款

苏泽鹏，“狮友会”成员，专注食品类目，品牌创立两年时间，全网多平台布局。

每位电商卖家都希望能成功打造出属于自己的爆款，达到好的销量。但是具体如何去做，有哪些注意事项？

爆款的策划思路

苏泽鹏认为标品要打造成爆款，最重要的是产品本身和产品的销售模式，绝对不能去模仿现有成熟的爆款模式。

并且模式创新不能站在自己的角度考虑，而是要去观察整个行业，找出直接的竞争对手，找出利益点、销售模式和定价等，参考竞争对手，思考自己的模式，找出比对手更有优势、更能吸引顾客的利益点。

前期的策划对打造爆款会起到决定性的作用，如果这个款没有爆款基因的话，那么后面所做的一切都是徒劳，广告费也是白白浪费。如果你不是有经验的操盘手，就要不停地做测试，最终测出一个具有爆款基因的标品。

只有把前期的方方面面都策划好了，打造爆款的时候，才会有更高的成功率。

打造爆款，越快越好

一般来讲，我们打造一个产品，如果产品、销售模式、定价、供应链和推广预算这些都没有问题，接下来需要的就是速度。

速度就是要尽快“打爆”，越快越好。标品有时做到前面的几点，大家实力其实都差不多，那么除此以外就是速度。谁第一个占领市场，谁第一个占有前几名，甚至是第一名，那么他就具有了绝对的优势。

一个竞争激烈的品类打造爆款必须要提前做好亏损预算，包括可以接受多少亏损，亏损多长时间，亏损多久后可以占领市场并盈利等方面。

苏泽鹏所做的类目，在前几年可能亏损几万元就可以做一个爆款，现在可能亏损几十万元都不一定做得起来，所以做爆款前必须要做好亏损预算。

如何利用老客户资源

不同的类目有不同规格的老顾客，比如做食品的卖家，淘宝店的老顾客支付比例基本可以达到50%，差的时候也有30% ~ 40%。

在基础工作做好的情况下，老顾客自然就会来。老顾客随着产品的稳定、爆款的稳定，会积累得越来越多，把老顾客引导到微信里面，就是你的资源。

新店刚开业的时候，可以发给顾客新店的优惠券，然后按照快速递增的方式做老顾客短信营销，基本第一周就在一个完全新的链接上累积了几千个销量。接下来就是用直通车加大推广，第一个月的月销量就累积到两万多。

所以做好爆款前期的策划、供应链、产品、用户体验等工作，成功率就会达到80% 以上，选择比努力更重要。

|蒋晖点题|

爆款对于中小卖家来说，是最广泛、最方便的店铺宣传方式，但是想要成功打造出一个爆款并不容易，利用老客户是非常好的一个方式。

每一个客户都是店铺的宝贵资源，如果你还没有重视起来，一定要注意这个问题了。

即使不在活动期间，也需要通过维护，保持住客户黏性，维护老客户是一项长线工作。

长线布局，成功放大十倍流量价值

孙涛，“狮友会”成员，传统滋补和保健食品类目卖家，擅长通过淘宝平台进行精准引流，把客户引到微信，进行长线布局，放大十倍流量价值。

把淘宝变成引流入口

现在的整个电商环境，获取新流量的成本越来越高，所以一定要把老客户的价值做到最大化，从而提升销售额。当然，不是所有的老客户都适合挖掘他的深度价值，要利用好淘宝上的成交客户。

因为在淘宝上购买过产品的顾客，对本产品是有需求的，加微信后，客户再有这方面的需求，可能第一时间就会想到你。要抓住客户的痛点，吸引客户添加微信。

孙涛做瘦身保健食品时，让顾客添加微信，安排专业的营养师一对一辅导，指导客户怎样吃才不胖等，这些就是客户的痛点，所以客户很愿意加微信。

增强微信客户的信任感

线上交易最重要的就是建立信任感，尤其是高客单价的商品。客户信任你，后期的成交就容易得多。

1. 打造个人形象

孙涛团队营养师的微信昵称都是某某老师，朋友圈不发广告，只分享专业的瘦身知识和学员真实案例，让客户感觉专业并且真实，这样到后期，客户和老师交流的时候也会持尊重的态度。

2. 了解客户信息

在加完客户微信之后，营养师会记录客户的身高、体重和年龄，对客户有一个大概的了解，同时会询问客户平时的饮食习惯，如果不合理，会对其进行指正。

3. 专业解答

孙涛公司负责微信运营的营养师都是经过培训的，客户遇到的问题，他们有比较完善的话术，告诉客户可以怎样解决问题，也有丰富的客户瘦身数据提供参考。

在与客户一对一沟通效果比较好的情况下，可以考虑建立微信群，但是一定要维护好。不然群里有一个客户出现售后问题，影响就会很大，后面的局势就不好控制了。

被邀请进群的成员，要进行筛选，一般会选择一个群的成员在 70 人左右，要安排一个助手和几个小号帮忙维护群秩序。

建群第一天，在群里发公告，申明本群的宗旨就是大家互帮互助，共同变瘦。成员需要每天打卡，汇报今天的体重及瘦了多少斤。如果有客户在群里提问，其他人也会热心帮忙分析，这样群里的氛围会比较和谐。

通过活动，让老客户裂变

在将群里的氛围营造好之后，孙涛团队会宣布一项活动，让客户拉身边的朋友进群，只要拉满 6 人就赠送价值 98 元的产品一份。有了产品的激励，客户会很积极地介绍身边的朋友进群，再引导客户发朋友圈。

朋友圈的文案大致为“认识的朋友都知道我最近瘦了，想知道我怎么瘦的吗”，通过这种方式引导新客户进微信群。新人进群初期，肯定是持观望和怀疑的态度，但是之后每天看到群里老客户的购买和打卡数据，慢慢地就会心动，加之他们的朋友也在群里，很容易建立信任感。

在新人开始心动，准备购买产品时，可以告诉客户，店铺过几天会有团购活动，到时候优惠力度比较大，买产品更划算，让客户有一种心痒难耐、迫不及待的感觉。

等这个群满员之后，团购活动开始前几天就在群里宣传，前300套产品设置阶梯价，越往后价格越高，让客户知道早买便宜，赠品又多，形成抢购的氛围。

团购活动结束时，新人离开这个群，每天向营养师汇报体重，如果有新人瘦了5斤以上，再次建群，重复上述操作。留下的老客户，可以给他们做培训，让他们做产品的代理。

| 蒋晖点题 |

微信对大多数公司而言都很有价值。通过微信找到潜在客户，然后打造朋友圈，可以提高成交率。如果微信的社交关系维护到位了，客户的价值周期会被拉得非常长。

不过，想要做好微信电商并不简单，这和做淘宝需要的能力完全不同。

如果你的行业适合做微信营销，或者竞争对手已经在做了，那么你真的要抓紧了，因为你的客户都在使用微信。

女鞋卖家，线上、线下同时布局微信

吴兵，“狮友会”成员，主营品牌女鞋，线下有实体专柜，线上有十几家淘宝店铺。通过把线上和线下的客户引流到微信，实现年销售额快速增长。

为什么做微信互联网

近年来，社交电商非常火爆，很多卖家都把目光转向这个市场。吴兵很早就开始布局微信个人号，他认为微信互联网是继 PC 互联网和移动互联网之后的一个新机会。

2014 年，他的一家店铺因为刷单被降权，流量减少很多。当时他想等到换季，老顾客复购会比较多，毕竟他是做正品的，服务也很好。然而事实证明：客户，尤其是女性客户，忠诚度是很低的。最后那家店铺只能关闭。

经过这件事情，他开始思考怎样做才能更好地把客户留下来。他想到用微信，通过比较公众号和个人号的优缺点，他认为个人号更符合需求。现在，他已经有几个满员的微信个人号。

线下实体店怎么做微信互联网

实体店可以通过添加微信，邀请客户到店的方式销售产品。吴兵就曾通过微信的方式，让一个销量差的柜台起死回生，具体是经过三个阶段，使它彻底摆脱困境的。

（1）每家店铺配备手机和微信，让成交客户添加店铺微信。通过验证之后，会先发文字进行自我介绍，再发一遍语音版的自我介绍，通过发红包和聊天的方式，与客户拉近距离。

后期做活动，可以在朋友圈里发消息，通过邀请客户到店领取奖品的方式，向客户推荐新品，给老客户优惠，这样成交机会很高。

（2）给员工配发手机和微信号，在朋友圈举办活动。无论顾客有没有进店，都会让店员加他们的微信，人数达到之后会有奖励。店员会在朋友圈发一些小活动信息，通过送小礼品拉拢客户。客户也可以在买单后添加微信，获得会员特权。

（3）活动和折扣全部改成会员制。比如全场 5.5 折，会员 5 折，钻石会员 4.8 折，客户只要想买鞋子，都会主动加店员微信，老客户也会因为有福利而不退群。在店铺充值到一定金额的客户，可以成为股东，享受更低折扣价，股东也可以卖鞋子，任何渠道都可以。

线上电商卖家如何实现微信互联网

把线上淘宝客户引流到微信，可以最大程度上保持客户的忠诚度。

当然做微信互联网首先要做的是吸粉，吴兵团队是在商品详情页上注明联系客服可以领取 20 元 ~ 50 元优惠券的大字，引导客户加微信，再通过活动和客户进行互动，达成交易。客户对产品满意会重复购买，也会推荐给朋友，最后认可他们的产品，成为分销商。

吴兵团队的十几个微信个人号做得很好，主要分为下面4个部分。

1. 微信矩阵

微信矩阵就是多个微信号，不同层级、不同人格且职责不同，接手对应微信号的员工，就要负责对应的职责。

2. 产品体系

产品的设计需要遵循三个购买规则：第一，重复购买，产品本身或者服务需要重复使用；第二，多产品多价格，一共设计4个产品，按照吸粉产品——低客单价——高客单价——超高客单价顺序排列；第三，增加复购的必然性，除了产品本身吸引客户重复购买外，也可以通过多次购买有优惠，让客户一直选择自己的产品。

3. 客户转化

转化率的多少，决定了产品的销量有多少。想要提高客户转化率，需要注意以下四点。

（1）信任感

第一印象很重要，一定要第一时间回复客户，和客户进行有效沟通。

（2）参与感

主要在朋友圈进行互动，比如店铺搞活动时，可以通过点赞和评论的方式让客户参与，也可以在客户的朋友圈下面评论，和客户进行互动。

（3）仪式感

简单来说，就是进会员群有福利，退群有损失。

（4）归属感

归属感是承接上面的仪式感，群里刷屏的感谢，也会让客户有归属感，后面即使被广告骚扰，也不会退群。

4. 会员升级

微信互联网就是和客户从买卖关系上升到朋友的关系，保持持续交易，这是卖家一直想打造的氛围。客户发展到一定程度，可能不仅仅满足于从你这里买货，而是开始帮你卖货，这样你就更轻松了。

|蒋晖点题|

不久前，有赞的CEO白鸦在演讲中提到，未来电子商务最大的机会在微博和微信，卖家会不断在自己的社交媒体上积累自己的用户群体，从而不断发生交易。

从这个层面上来说，现在的电商生意是好做的。一是个性化凸显，有机会把货卖贵。二是有了微博微信这些社交平台，把用户装进去，可以做深度链接。如果你有1000个这样的客户，就有做不过来的生意。

选品技巧篇

高门槛选品，获取高利润的关键点

温富强，“狮友会”成员，主要做天猫、京东、淘宝平台和二类电商。选品一直是很多卖家的痛点，他擅长如何做高门槛、高利润的产品。

温富强不是专业的运营出身，比较熟悉选品板块。

他认为选品一定要认真，选择一个好的产品，基本上就成功了一半。

下面是他的选品思路，分为以下三点。

1. 自带门槛（差异化的产品）

比如他的一款按摩器，外观漂亮，功能强大。通过前期调研，发现国内市场根本没有能与之媲美的产品，竞争力很强，唯一担心的就是同行抄袭。

为此，他们的供应商申请了多项专利，包括外观专利和发明专利等。所以他们的产品门槛很高，销量也远远领先于同类产品。

2. 产品的稀缺性（文号资源的稀缺性）

温富强是做医疗器械类产品的，了解这个行业的卖家都知道，这个类目的产品需要有医疗器械注册证，证明产品是经过批准的。

温富强团队代理的一款液体止鼾器，是他朋友的产品。此款产品在国内只有两个批号，没有国家正规批文的止鼾器不可以进行销售，否则会被药监局、工商局和打假人员审查。

所以，产品文号的稀缺性，直接提高了他们在市场当中的竞争力。

他们还有一款医疗器械，在国内只有 5 家工厂有生产资格，而其中 3 家工厂产品的线上销售权都在他的手中。

这样，温富强比其他两家工厂的销售更有优势，因为全网可能只有 5 家店铺在卖，有 3 家店铺都是他的。

他通过 3 个品牌，用不同的价格区间围攻竞争对手，虽然产品销量不多，但是利润高。

3. 渠道和供应链可控

选择一些独家产品，比如一款产品上了卫视广告，他就把这个产品的网络独家代理权拿到手，有其他卖家想做此款产品，必须从他手中进货。

因为产品本身自带流量，所以很多卖家都愿意来做。

另外，温富强会在一些销售渠道或者平台尽量做到独家。二类电商主要采用这个模式。

例如，想在头条、抖音、广点通或者朋友圈等平台上推广某个产品，他会先通过对赌协议，拿到厂家在这个平台的独家销售权。若是客单价 700 元的产品，他和工厂签的最低销量是 20 000 台。

所以，温富强基本占据了线上渠道，其他卖家进货，必须找他。

|蒋晖点题|

做生意，一开始就要想好：你什么地方比别人更加突出？是产品，是营销，是推广或者是管理？还有一个问题：别人发现你的方法后，需要多久才能学会？

最高明的做法是，在能想到的各个环节中，提前设计很多别人不能轻易学会、也跨越不了的高门槛。比如文中的这几种选品方法，其他卖家就很难复制，所以能维持较长时间的高利润。

三个月成为淘宝细分品类 TOP 卖家

笑笑，“狮友会”成员，3个月从零迅速占领图书多个品类细分市场。

先学习

笑笑认为淘宝店铺的良性运营，需要有学习意识、创新能力和持续的供应链。

淘宝的知识多、变化快，不学习很难通过自己的摸索掌握全部的技巧。即便以前有成功经验，也要学习最新的知识。经验在不断地淘汰和变化，做淘宝卖家一定要持续学习。

有些能力可以在学习中获得，有些则需要借助人脉的外力。笑笑在组建团队时，其中一个合伙人就是当年的淘大同事。有了团队，笑笑万事俱备，只欠产品。

选细分

选品定成败。思考再三，笑笑团队选择了图书类目。有多大的能力，赚多大的钱。首先要清晰自己的定位和市场规模。大市场拿不下来，可以从细分市场切入，步步为营，逐步攻占。图书是一级类目，下面细分类目很多。他们以高考为切入点，攻占中学教辅类目，矩阵铺开，往中学和考研方向不断延伸。

从小二角度来说，更希望市场的多样性，不要一窝蜂地涌向最大的市场。选择竞争性不大的小众领域，反而能更快地获取流量，满足更多客户的需求。

在选品的时候，笑笑团队之前并没有太多沉淀。图书品类对于供应链的要求并不高，所以容易切入。另外，当时图书类目的竞争并不大，也是遇到一个好时机。

测款定款

笑笑用他在淘大讲课时的几张图，来说明他们的测款方法。好的产品是店铺成功的必备条件之一，每个行业都有机会，但不是每个产品都有机会。你需要通过不断地测试，找到好产品，如右图所示。

数据运营

每一款产品都有生命周期，所以最主要的是把握运营节奏。在推广前，哪怕工厂还没有出货，卖家就要做好所有的准备工作，快速了解行业现状。

笑笑团队提出了“买家体验量化分析法”，取长补短，做好差异化竞争，提升转化率。

（1）观察同行评论和问大家栏目。罗列出买家关心的十个核心问题，以及关注这些问题的人数。

（2）按关注人数排序，依次设计排序详情页。

（3）人无我有，人有我优。实在比不过对手的地方，进行差异化竞争，或者直接放弃某个关键词市场。

（4）用小号测试同行，模拟真实消费。在售前、售中和售后环节都要摸清对手，从客服话术、营销手段、包装设计和后期维护等方面着手，全面掌握对手底牌。创新很难，可以模仿优秀同行的做法，再加以自己的思考。

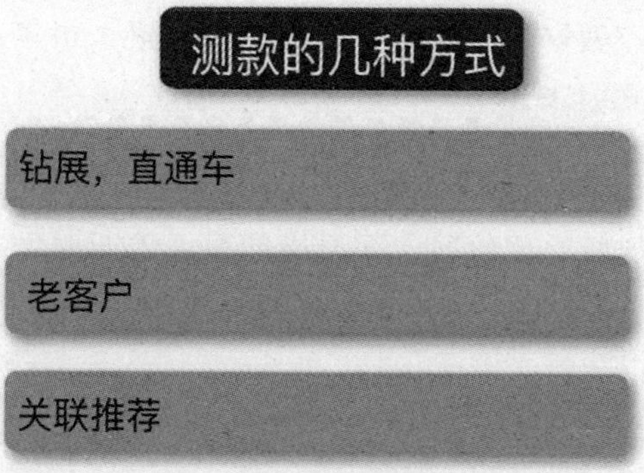
测款的几种方式
钻展，直通车
老客户
关联推荐

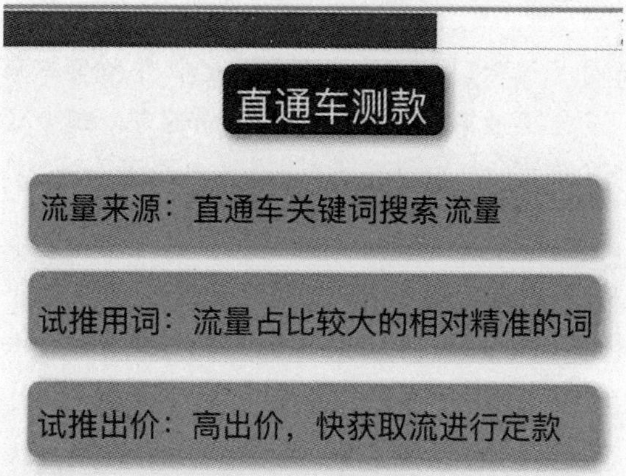
直通车测款
流量来源：直通车关键词搜索流量
试推用词：流量占比较大的相对精准的词
试推出价：高出价，快获取流进行定款

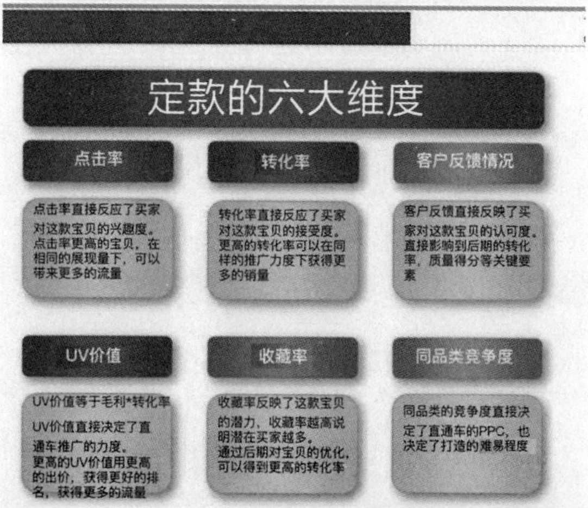
定款的六大维度
点击率
点击率直接反应了买家对这款宝贝的兴趣度。点击率更高的宝贝，在相同的展现量下，可以带来更多的流量
转化率
转化率直接反应了买家对这款宝贝的接受度。更高的转化率可以在同样的推广力度下获得更多的销量
客户反馈情况
客户反馈直接反映了买家对这款宝贝的认可度。直接影响到后期的转化率，质量得分等关键要素
UV价值
UV价值等于毛利*转化率
UV价值直接决定了直通车推广的力度。更高的UV价值用更高的出价，获得更好的排名，获得更多的流量
收藏率
收藏率反映了这款宝贝的潜力，收藏率越高说明潜在买家越多。通过后期对宝贝的优化，可以得到更高的转化率
同品类竞争度
同品类的竞争度直接决定了直通车的PPC，也决定了打造的难易程度

以上几点做好，你基本上就可以迅速进入市场，甚至超越了80%的竞争对手。

最后补充一点：先入为主，主图详情化。尤其是标品，消费者在不断比货、比价时，手机端的页面停留时间很短。谁能迅速抓住消费者的核心关注点，谁就能成功。

|蒋晖点题|

笑笑有4家天猫店铺，这对于其他类目来说可能不算什么，但是对于图书类目来说，是非常成功的。

谁经历了风雨，谁就见得到彩虹。他跟所有电商人一样走过弯路，最终通过系统地学习和周密的运营，逐步攻占了图书市场。

这样的卖家还在持续不断地学习，其他中小卖家更加需要把学习当成日常的工作。

线上、线下铺货销售，打造行业壁垒

朱强，玻璃制品卖家，传统包装玻璃供应商。现专注于日用玻璃和工艺玻璃领域，是线上淘宝、天猫、京东店铺，线下花店、餐饮店等实体店铺的供货商。他告诉我们供货商如何通过选品，线上线下铺货销售，从而打造行业壁垒。

他的电商经历

朱强从 2015 年开始做电商，当时在阿里巴巴国际站和国内站做包装玻璃的定制，产品起订的数量比较高，都是 20000 个起步。

2015 年 11 月，有一个客户在网上找到他，想要定制产品。他是做线下饮品的，只要 1000 个瓶子，因为没有达到起订数量，朱强拒绝了。但是客户提议让他做 20000 个，给自己 1000 个，剩下的放到淘宝卖，客户告诉他说淘宝上这款瓶子销售很好。

朱强一开始不太愿意，因为当地有很多人做淘宝，他不想去做。后来这个客户不断给他打电话，又过来面谈，还带上了拍好的产品图。

最后，朱强还是做了 20000 个，剩下的 19000 个就放到淘宝卖。

让他惊奇的是，刚过完年，这款产品莫名其妙地成了爆款，订单多到忙不过来。这个产品的爆发让他发现了淘宝的机会，他逐渐把经营重心转到淘宝平台。

从零售转向批发

朱强发现淘宝平台的商机，过了一段比较舒适的日子，享受了一波红利。但是好景不长，大量的竞争对手很快进入这个市场，因为宋强对淘宝不太了解，就找了一个运营人员，结果效果很不好，订单量直接降到一天只有 20 ～ 30 单。

后来，他在朋友的建议下，抱着赚不了买家钱，就赚卖家钱的想法，转战 1688 批发，给淘宝卖家供货。当时除了几个大店，剩下的中小卖家基本都是他的顾客。之后他通过大量囤货，压低价格，把几家大店打压了下去，在 1688 上又赚了一波红利。接着，他在本地开了线下批发门店，专门给本地的 1688 店铺和淘宝店铺供货。

这一年，朱强从一开始做淘宝，赚买家的钱，到 1688，赚淘宝卖家的钱，最后转战线下批发，再赚一波阿里巴巴批发的钱。他把线上到线下都走了一遍。

在这个过程中，朱强总结了自己做得越来越好的原因，就是不断抓住红利。第一次纯粹是运气，但是后面能抓住机遇，他是下了一些工夫的。

例如朱强团队有专门设置产品图文收集的岗位，去发现市场和产品的红利，关于这个岗位具体负责的内容，可以参考这张图。

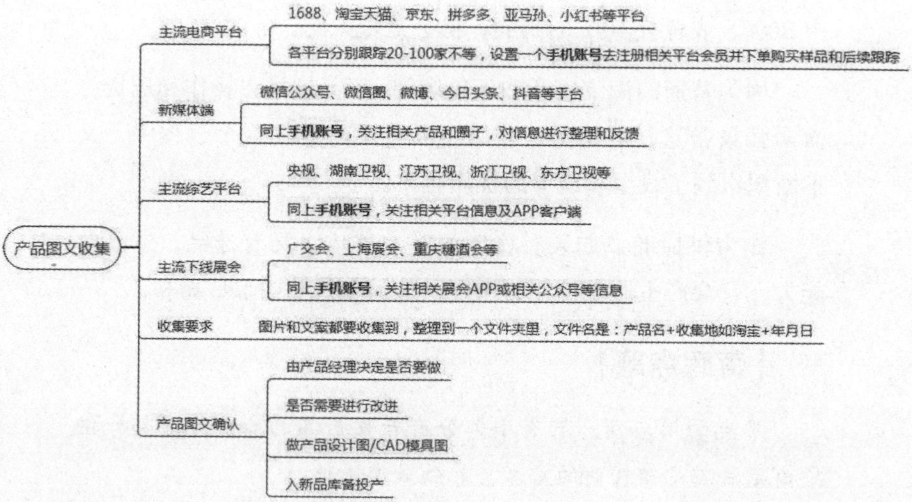

利用客户线上线下同时铺货

朱强认为想要成为优质供应商，一定要有选品的能力。这在一定程度上可以支配自己的客户，甚至让客户的店铺成为自己的出货渠道。

朱强的居住地，有 20 000 多家淘宝店铺和 5000 多家 1688 店铺， 朱强团队主要提供产品和视觉图文。在一定程度上，相当于他们控制着这些卖家的店铺，因为他们把控着产品，这与店群模式有些相像，但是他们的控制力相对弱一些。

朱强团队在选择生产产品时，首先会通过图文收集发现哪款产品可以做，第一次生产 20 000 个，在本地或者线上淘宝店铺货。数据反映好的产品，第二次直接生产 100 000 个。通过不断选品、试生产和铺货的方式，虽然不能保证 100% 命中，但命中30%，或者有10%的利润，机会是很大的。

因为普通的淘宝店铺和天猫店铺，不会这样去操作和压货，而朱强具备这样的优势，才敢不断选品。他在这个过程中，又不断积累到了线上和线下的优质客户。

作为供应商，如果有稳定的客户群体，又有选品、造品的能力，就会产生非常良性的循环，从而在行业中形成壁垒。

|蒋晖点题|

早期的供应商，只有小部分有开发产品的能力，大部分供货商无法满足销售商的需求，导致效率很低。

这么多年不断发展下来，目前已经涌现出了不少掌握技术的供应商，原来是帮别人制造，做什么客户说了算；现在是供应商推荐，说他擅长制造什么，而且擅长的都是有市场竞争力的产品。

像朱强这样的供应商，会过得越来越好，而不是刀片利润，卖家也更喜欢选择这样的供应商。

货源没优势，如何一步步做大店铺

李生，在完全没有货源优势的情况下，依靠选品和运营，在3年多的时间里拥有了5家天猫店铺，2家京东店铺，团队也发展到了30人。在他看来，只要想干肯干，什么都能做好。

考虑到大多数中小卖家身边并没有雄厚的货源支持，他的经验十分有借鉴意义。

他的电商创业经历

李生是地地道道的河北小伙儿。2014年4月开了一家淘宝C店，做的是标品。8月开始真正投入精力去做电商，也就是在那时，报名了“猫课”课程。

到了2015年，他决定开始往天猫店铺发展，2014和2015年，产品市场竞争不是太激烈，主要就是打价格战。

之后李生又陆陆续续开了两家天猫店铺。2016年，三家店铺加起来基本上做到了类目第一。可是到了2017年，产品市场开始下滑，工厂涨价，网上价格战也很严重，两边一压，利润就比较低了。

于是李生3月份新开发了一款产品，在两家天猫店铺销售，产品市场很大，客单价也高。

他们每个产品还有一家京东店铺，目前运作得也很好。

怎么发现机会

李生特别信服课程里教的两点：一是想要做好淘宝，70%的精力放在选品；二是选品的核心就是洞察客户需求。

他们团队做过的两款产品，都觉得这个产品前景好，自己找厂家做。之后拿大的订货量去和厂家谈，本身没有货源优势，完全依靠选品和运营进行竞争。

比如李生新做的产品，是他在生活中发现的。北方冬天冷，他经常会带家人去南方旅游，一般住在公寓，发现房子在装修时，安装了一款产品，非常好用，他觉得这是一个机会。

接下来，李生找到了一些做这个行业的朋友，通过聊天发现市场很大。因为在外国，尤其是在韩国，安装率已经达到了20%，而中国不到1%。也就是说，理论上存在20倍的市场发展空间。李生马上决定，就做它了！

如何有效地做产品定位

李生一开始做那款标品，单纯是出于自己的兴趣，前期分析时就比较谨慎。他跑了一些厂家做调研，他发现这个类目中便宜、质量好的产品比较好卖，高客单价的产品基本上都淘汰掉了。也就是说，买家会更看重性价比。

而他想做的那款产品，情况刚好相反。产品在基础建材类目下虽然市场很大，但买家往往出于对安全性的考虑，希望选择一款质量上更牢靠、对客单价不会太敏感的产品。于是李生就重点在产品质量、策划和客服这三方面下工夫。因为高客单价产品，计算下来利润要比之前做的标品高不少。

陷入价格战怎么办

之前做的一款标品，刚做的时候竞争不是很大，也有一定市场。虽然需要拿大的订单去和厂家谈，谈的时候有一定难度，但有一个好处就是不用压资金。前一天订单下来，他们第二天给厂家单子，下午就做出来了，晚上快递就可以拉走，都在自己的控制之中。

但是后来价格战开始，他们就用了在“猫课”里学到的思路，在产品策划上下了很多工夫，同时控制自己的成本。一段时间下来，非但没有成为价格战的炮灰，经营得还不错。

李生从书里看到，做到品类第一时，可以采取联合第二名停止价格战（编者注：蒋老师是自己做到品类第二时，联合第一名控制价格，详见《如何做好淘宝》书籍），一起赚钱的策略。正好跟他们的产品类似，所以也用上了这一招。

如何压供应商的款

李生刚开始做第二款产品时，脑筋很死。高客单价产品意味着他们付给厂家的成本也高，之前一直都是厂家产品做出来，他们付钱，然后调货，可是工厂生产周期比较长，要 30 天。

于是他就自己备一部分货，但是中间的衔接很难掌控，还压了不少资金。

正着急的时候，他去参加“狮友会”的聚会，听了贲乔晋的话，完美地解决了这个问题。就是先给厂家支付一部分预订金，让厂家备原材料。等卖家什么时候需要了再通知厂家开始生产。这样，极大缩短了生产时间。等生产好了，卖家再去调货。

例如，给厂家打 10 000 元备原材料。对他们而言，这 10

000元就是他们的成本了，然后加上人工费，可能以30 000元的价格卖给卖家。如果在淘宝卖出去，销售额是100 000元。也就是10 000元流动资金，可以带来100 000元的销售额!

在这种情况下，即使这批货卖家不要了，厂家也不吃亏，还能再把材料用在别的地方，赚10 000元，但对卖家来说，既提高了效率、缩减了资金链，还节省了仓库的成本，可以说是双赢。

|蒋晖点题|

我在北京聚会上见过李生，他年龄很小，但悟性非常高，可以算是对“猫课”里面讲的东西吃得比较透的会友，从选品到产品定位再到应对价格战，处理得十分恰当。

其实做生意就是这样，有很多窍门，很多新手卖家没有经过系统地训练，很难全面地掌握。所以，在明显能优化的地方，你不知道优化，这样就容易错失商机。其实很多窍门使用后都可以立竿见影!

跨境电商篇

跨境电商如何避开十个常见问题

吴强，园艺庭院类目卖家，主攻美国亚马逊市场。擅长选品、打造爆款、数据分析和广告优化等。跨境电商容易遇到很多问题，如何才能避开这些问题？

问题1：商标、专利

亚马逊虽然不难做，但是国外的市场、法律等和国内不同，一不小心就会掉入陷阱。

在美国，有人专门靠专利赚钱，当卖得好的产品被对手或者其他人提前申请了专利，商家就会面临被封店和冻结资金的风险。

所以，在卖产品之前，一定要检查这类产品是否存在专利问题。

比如这款电吹风支架的专利，可以通过以下方法进行查询：

（1）打开美国专利查询网链接 https://www.uspto.gov/，点击右图箭头所指。

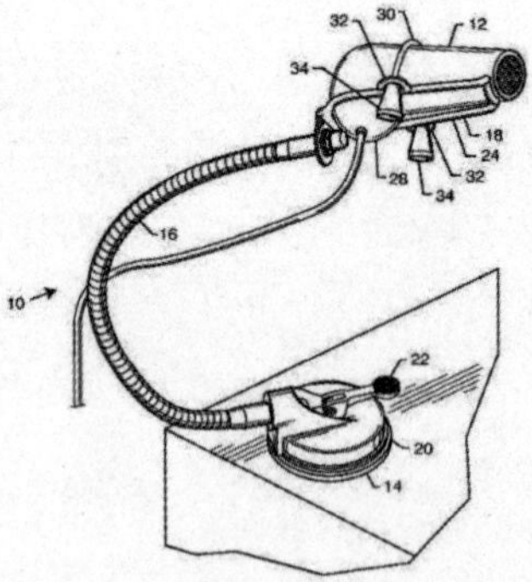

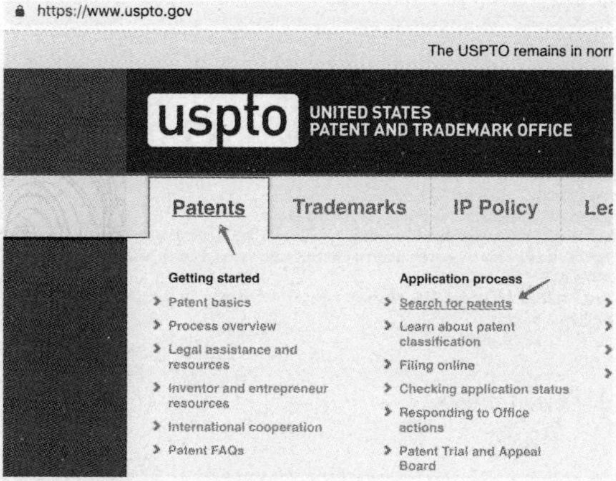

（2）点击链接进入。

（3）输入产品关键词，然后回车。

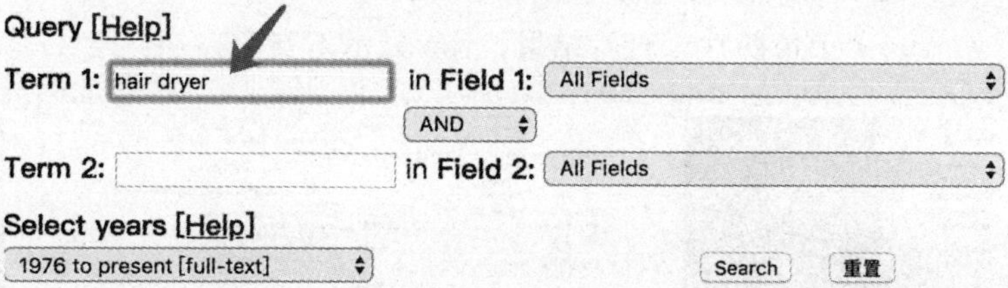

（4）点击进入。

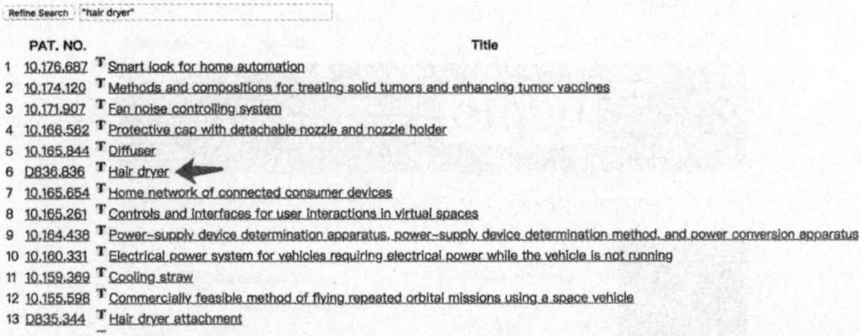

（5）点击 Images。

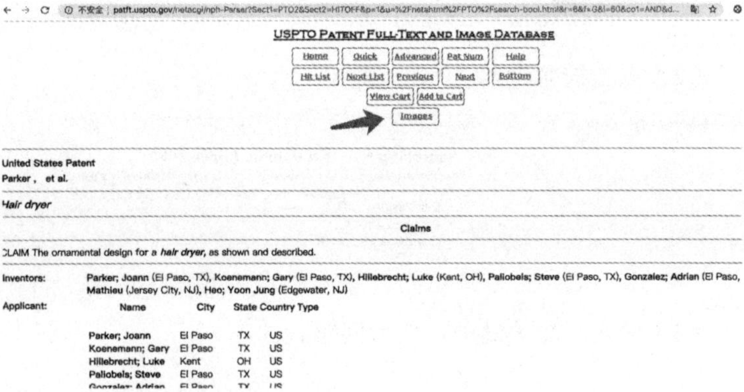

（6）上传照片，查看结果，vpn 显示不安全。

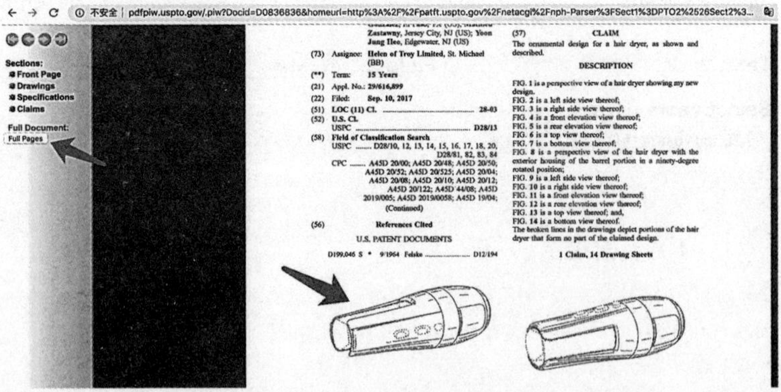

也可以把专利图片保存到电脑里面，在选品时，避开专利产品。

如果产品已经在市场上开始售卖，并且产品款式和其他同类产品没有太大差异，这款产品是无法申请专利的。具体情况可以付费咨询专利注册的服务商。

除了专利，每个产品都需要有商标。有的卖家在上架商品时，随意填写商标名称，当有了比较大的销量，发现商标已经被对手提前注册了，还会面临被对手起诉和罚款的风险。

要注册一个商标，从注册到下标大概需要 12 个月，费用 3800 元左右。也可以购买产品商标，目前价格在 20 000 ~ 40 000 元。

注意，购买商标所注册的类目，一定要包含你要销售的产品，否则没有法律效力；也可以后期再增加符合商标类目的产品。

问题 2：产品被跟卖

亚马逊可以在商家产品的链接下跟卖商家的产品，价格低的，就能获得购物车按钮，拥有更多的流量和订单。

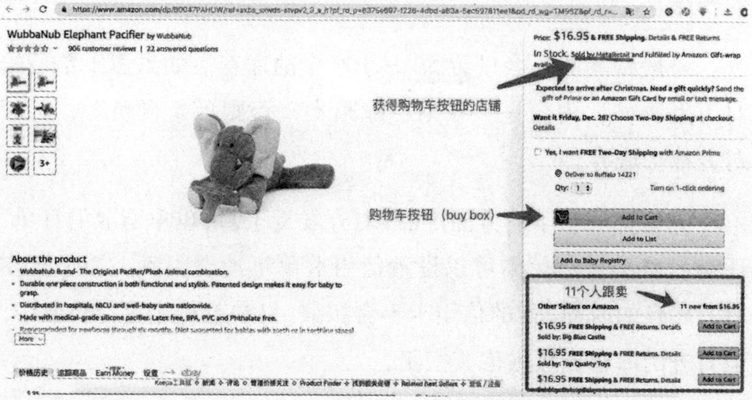

如上图所示，有 11 家店铺跟卖本产品。而当对手低价跟卖你的产品，就会抢走你的购物车按钮，相应的订单也会被抢。

订单被抢走后，如果对方发同样的产品还好，对方一旦不发货或者随意发一个产品，买家就会给你差评。如果你的链接被很多真实客户留了差评，产品也就无法再销售了。

针对跟卖店铺的三个解决方案：

（1）通过品牌备案加入透明计划。

在产品的外包装贴上官方的防伪码，可以防止产品被跟卖。需要注意的是，加入透明计划的店铺，不可以进行违规操作，一旦被封店，商家就无法及时跟卖产品链接，虽然有解封服务，但是价格昂贵，并且费时较长；

（2）通过品牌备案，申请独家计划。

亚马逊的佣金原本是 15%，如果加入独家计划，佣金会变成 20%。加入独家计划后，店铺也切勿进行违规操作。此外，参加独家计划，还可以获得更多免费的官方活动；

（3）如果发现有人跟卖，可以用自己的卖家账号买空对方的产品。

一般跟卖的人会设置 50 ~ 100 个的库存。如果你下单后给对方发邮件，内容是“立刻移除跟卖，否则后果自负”，一般对方都会放弃。

如果你买空了对方的产品，对方发货了，可以申请取消订单。还有一个小技巧，你可以设置信用卡单笔消费限额，当你买空对方库存的时候，你的信用卡不会扣款，订单会处于等待付款中，但对方的库存已经被你买空了。

问题 3：选品

在国内畅销的产品，到了国外不一定畅销。

在选品之前，可以先在亚马逊搜索产品关键词，总结销量最好产品的款式特点。例如电吹风，调查发现，价格普遍在 20 ~ 30 美金（折合人民币是 137 ~ 206 元），风力大，重量轻且是黑色的电吹风比较畅销。如果想要优化产品，可以通过分析同行的好评和差评，来对自己的产品进行优化。

问题 4：做销量

国内商家的做法一般都是先低价冲销量，后期再涨价。但是这个方法并不适用于亚马逊平台。

因为后期涨价太多，超过 30%，会遇到很多麻烦。比如失去购物车按钮，订单量大幅下降，排名也会降到第二页或者更靠后，遇到复购的老客户，可能还会给差评。

现在平台对做销量查得很严，情节严重的会冻结资金和库存，轻则删除做销量的评价，并且限制产品上评论。

切记，所有异常的卖家号，都会被官方标记为危险账号，不要轻易相信服务商的话。如果想要做销量，也要和其他产品区分开，不要放在一家店铺，并且一定要先摸清楚产品类目再去操作。

问题 5：难缠的 VC 卖家

亚马逊的 VC 卖家（亚马逊供应商中心卖家）账号可以更改你的上架产品信息，给自己的产品做变体，拿走你的评价。如果遇到难缠的卖家，对方还会给你的产品写差评，搞垮你的店铺。

解决方案：最好拥有两家盈利中的亚马逊店铺，一家出现问题，至少还有另一家。

如果遇到产品信息被更改，可以通过后台开 CASE 联系亚马逊平台工作人员，说明情况并提供证据截图；也可以通过邮件向亚马逊处理团队进行投诉。

问题 6：垄断类目

决定做一个产品前，要先调查清楚该产品是否已经有卖家垄断。如果产品已经被垄断，你还贸然进入，就会出现上面提到的被恶意跟卖、更改产品信息等问题。

解决方案：上架新品之前，先摸清楚你所在类目卖得好的同款产品的评分等级，如果首页卖得好的产品，评分都在四星或以上，但是其他的同款产品普遍是三星甚至更低，这款产品就是一个大的陷阱，千万不要轻易进入。

如果一定要做这个类目，可以尝试先向垄断者施压。购买对方产品，下单之后，再通过后台发送信息；也可以通过服务商查询卖家的账号邮箱，向对方发送邮件。在发送的信息中，要向对方表明，你有多少买家号和跟卖别人的账号，展现你的实力，让对方忌惮，不敢搞垮你的店铺。

问题 7：运费

一定要弄清楚亚马逊 FBA（亚马逊专属快递）的配送费。

不同尺寸和重量的产品，配送费也是不同的。可能相差一厘米，配送费就从 2.41 元涨到 3.19 元。

为什么要特别关注配送费标准呢?

例如，同行卖 10 个装的产品，你想增加到 12 个装，用同样的价格去打压对手，这个时候就要考虑运费因素。因为可能 10 个装的产品运费在 2.41 元，你卖 12 个装的产品运费需要 3.19 元，运费成本比对手高。

问题 8：限制销售的类目

做亚马逊，有的类目是需要审核的，即使产品已经上架，并且显示可售，过半个月左右也会被锁定，不允许进行销售。

为了避免损失，最好是先上架不发货，并且填好后台的产品数据。如果产品不可售卖，产品信息会变动。

比如，你的产品库存状态是不可售（缺货），表明需要补货。如果是不可售，可以点击产品编辑，申请销售此产品；如果提示需要提交相关资料，表明提交资料通过就可以售卖；如果点击进入，没有任何信息，表明产品不能进行售卖。

问题 9：收款

辛苦做生意，最终是为了盈利。在最后一步，也不能掉以轻心。目前常用的结账平台有 Payoneer、WorldFirst、Pingpong 和连连支付。

注意：汇率是时时变动的，提现最好在工作日上午 10 点到下午 4 点间进行。因为在其他时间，收款平台的结算汇率是按照前一个工作日或者当日最低的汇率结算的。

问题10：滞销库存

做跨境电商的卖家和国内卖家一样，最怕有大量的库存，怎样做才能化解这个风险呢？

吴强的建议是以“多平台+多店铺+海外仓”模式分批入库。海外仓可以直接用货代的仓库，因为亚马逊是通过库存动销率来决定你的库存绩效指数，如果指数低，亚马逊会限制入库量，超过入库量的产品，会有很高的仓储费。

建议新店铺不要多囤货，防止因滞销影响绩效指数，进而影响整家店铺计划。新品可以分多次入库，比如500个库存，分5次进行贴标，当库存即将售空，可以让货代再送100个，库存随着销量进行调整。

另外，当产品在亚马逊测款成功后，一定要进行多平台布局，获取更多订单。例如布局ebay和独立站平台等。

|蒋晖点题|

国内很多卖家都是在赚信息差的钱。试想一下，把这种信息差现象放到全球，电商的信息不对称会更多，机会也更多。

但是这种机会对于大多数新手来说，很难把握住。因为你如果连国内的淘宝都未尝试过，直接进入跨境电商也很难做好。

我的建议是可以先做与趋势相关的事情，等机会来了，就能利用信息差赚钱。

五年资深卖家教你选择跨境平台

孙敏，“狮友会”成员，从事跨境电商5年，拥有多个跨境平台运营的经验，擅长打造热门产品。

思路决定出路

无论是做国内电商还是跨境电商，想要快速做出成效，必须有正确的运营思路。

越来越多的卖家把眼光投向了跨境平台。但是一定要明白：你到底是想利用跨境平台做品牌，布局海外市场，走精品化运营，还是要走低价铺货的模式。

思路的不同，决定了卖家是轻资产还是重资产运作。

下面是孙敏对五个比较大的跨境平台的认识。

速卖通平台

速卖通平台其实就是国际版的淘宝。

孙敏认为速卖通是国内卖家尝试跨境电商的首选，不仅是因为它门槛低，还因为它的操作界面和淘宝非常相似。

另外，孙敏在2019年4月底，参加了广州速卖通行业峰会，峰会有很大的动作和新的行业策略，流量大方向基本没有变化，主要从以下两方面对亚洲市场和东南亚市场进行发力。

1. 内容 + 社交电商

速卖通平台目前非常倡导社交电商+内容电商模式，孙敏的公司，专门成立了社交推广团队，效果很好。他们在Instagram（Facebook旗下分享照片和视频的平台）上有上万的海外粉丝，和很多网红达人都有合作，比如在YouTube（Google旗下视频网站）上合作的网红，粉丝数量都在200 000人~500 000人。

速卖通平台上，内容版块做得比较好的是Feed频道，即淘宝上的微淘版块。买家对Feed更感兴趣，其次是海外直播，直播给消费者带来更多的体验。

2. 加快全球渗透率

这次的速卖通卖家峰会，关键词是社交本地化。把本地化做到极致就可以垄断当地的生产市场，孙敏团队准备明年去海外参展，招当地的代理商帮他们推广公司品牌。

另外，还有海外仓的建立。例如孙敏公司一直在做俄罗斯的海外仓，投入比较大；波兰人喜欢浴巾，就可以在当地设立小仓库，做本地化体验，试着小成本补给海外仓。这也是一个很好的切入点。

Wish平台

2014—2015年，Wish（ContextLogic开发的移动电商购物App）处于非常好的爆发时期，很多卖家都挣到了钱。Wish平台整体是比较严格的，尤其是不能触及平台的底线，否则代价会非常惨重。

虽然风险比较大，但是只要本分经营，备货能力强，Wish平台还是有爆发点的有三个非常好的优点。

1. 爆款持续时间长

在Wish平台，一旦产品成为爆款，后期只要保证发货质量和产品质量，爆款基本可以持续2年~3年。运营起来非常省心，只要保证产品不断货，就会有源源不断的美元流入账户。

2. 转化率高

Wish平台庞大的流量，大部分来自Facebook，所以Wish平台的算法模型和推广方式与Facebook非常相似，粉丝的流量非常精准，操作转化率高。

3. 运营简单

Wish平台的运营操作简单粗暴，只要卖家选好产品，配上合理的关键词、标题和属性等，愿意投入资金进行推广，就可以很快打造出一个爆款，而且这个爆款可以为卖家带来源源不断的收入。

亚马逊平台

亚马逊平台有非常好的客户购物体验，只是存在两大问题。

1. 高竞争

全球有600多万的卖家参与竞争，此平台比较适合做垂直类目和小而美的店铺，要求卖家有很强的选品能力和运营能力。

2. 刷单刷屏严重

关于这点，亚马逊的资深老卖家都知道。据孙敏了解，他身边做亚马逊的一些卖家，晚上都睡不好觉，晚上上厕所的时间都要打开电脑，去看一下有没有同行跟卖或者恶搞。

作为老牌平台，运营的水特别深，新手卖家进入还需谨慎。

做亚马逊的优势主要有以下两点。

1. 利润相对较高

同样的产品在亚马逊的售价比 Wish 平台和速卖通高，利润也高一些。

2. 客户接受度更高

亚马逊在国外的接受度更高，很多国外的网红，都会选择亚马逊作为合作对象，方便提升自己的知名度，更好地帮助卖家做产品的店铺宣传。

东南亚平台

孙敏也比较看好东南亚电商，东南亚有 6.5 亿人，网购人数 4.8 亿人，占比大概是 80%，并逐年上升。虽然互联网的渗透率比较高，但是电商还比较落后，特别是泰国和越南。

他最看好的两个东南亚电商平台是 Shoppe 和 Lazada。

这两个平台的入驻门槛和服务费很低。一般其他电商平台会抽取 5% ~ 8% 的佣金，但 Shoppe 只收取 4% 的佣金，Lazada 更低，只收取 2% 的佣金。

产品方面，一般在欧美卖得比较好的产品，在东南亚会卖得更好，他们同样受到欧美文化的影响。所以，部分产品是可以直接复制的。

另外，不同地区、各个站点，需求和特点是不同的，在进入之前要仔细观察。

给新手卖家的建议

新手卖家选择跨境电商平台，要考虑很多因素，比如产品特点、资金实力等各方面的综合能力。

这里给出一些建议：

（1）如果是有品牌或有淘宝、天猫运营经验的卖家，可以选择速卖通作为切入点，因为操作与淘宝、天猫非常相似，并且未来速卖通将会有质的飞跃。

（2）如果是启动资金实力较为雄厚，有海外囤货能力的卖家，亚马逊平台是首选。

（3）如果卖家的产品适合欧美市场，且有较强的发货能力，可以选择 Wish 平台。

（4）如果是产品客单价较低，适合亚洲市场的卖家，建议选择东南亚的 Lazada 和 Shoppe。

| 蒋晖点题 |

每年都会出现一些小机会，比如做跨境电商，在国内竞争大的低价产品，换个平台，放到亚马逊平台或者东南亚电商平台，可能生意就会非常好。

全世界需要的产品，中国基本上能生产。中国电商人未来一定会占领全球电商市场，让我们拭目以待！

跨境电商玩店群，1年60家店铺

王里，从事跨境电商5年，在速卖通、亚马逊以及Shopee平台都有店铺。她把淘宝无货源模式在跨境平台试用，效果很好。

将无货源玩法搬到跨境平台

王里学习了淘宝的无货源模式，就有了把这个模式应用到跨境电商平台的想法。目前，她主要在速卖通和Shopee平台用店群的方法在运营，她有20多家速卖通店铺，在Shopee平台也有40家店铺。

速卖通的后台和淘宝非常相似。先根据后台的数据，找出类目的所有爆款和有潜质成为爆款的产品。再去阿里巴巴找供应商，或者与线下的老供应商进行合作。接着把确定好的款式复制到20家店铺里，用裂变的方式把一个款式裂变为20～30个产品。

然后，以稍微低于同行产品的价格攻占产品市场，拿下这个类目的所有Drop-Shopping订单，即国外做独立站和Facebook的人群，因为速卖通的大部分订单都来自这部分人群。

在速卖通平台做店群的卖家还比较少，个人建议不要选择竞争激烈的童装和女装等类目，因为一般卖家很难在价格或者供应链上获得优势。

此外，速卖通平台对资金的要求比较高。新店的保证金需要10 000元，而且放款时间要押后1个月～2个月，因此资金不充足的家不建议进入。

Shopee 平台的无货源操作方法

王里有个朋友在 Shopee 平台做得很好，当时这个平台开店条件比较宽松，她也跟着入驻了。

简单介绍一下，Shopee 平台覆盖了东南亚市场。

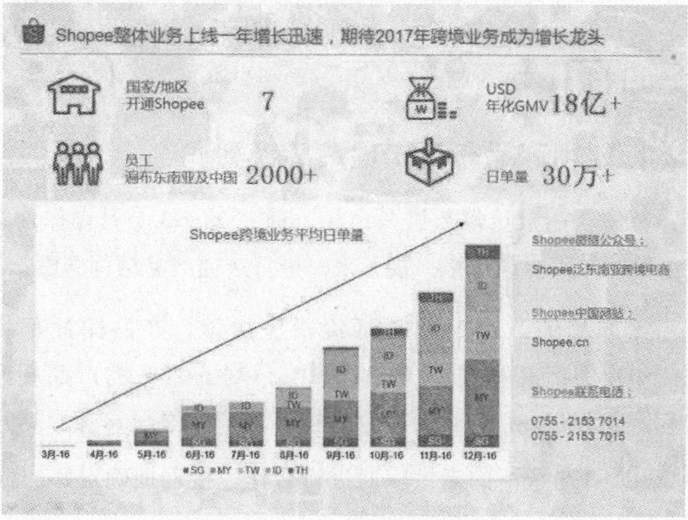

她从 2019 年 4 月份开始入驻 Shopee 平台，操作了七八家台湾站的店铺，效果不错。单店的销量达到 50 单以上，客单价也高，需要的成本还不大，而且前三个月没有平台手续费。后期王里扩展到了 40 家店铺，日订单量 1000 单以上。

运营 Shopee 店群需要注意以下几点。

（1）主图一定要美观。不同的店铺，产品图片顺序要调换加上店铺 Logo。可以通过超级店长的美图秀秀去做，然后上传产品；

（2）标题中的关键词要选择好。把数据比较好或者平常积累的关键词，制作成表格形式，用来做产品标题或者标签。

重点强调一下，Shopee 店群要用采集的方式操作，不要用裂变的方式操作。用裂变很容易被判重复铺货。Shopee 平台是推送模式，淘宝是搜索模式，因此不用裂变对单量没有太大影响。

怎样降低成本，提升利润

做店群，最怕的就是人员成本和库存，王里团队从两个方面解决这个问题。

1. 利用产品布局，提高店铺利润

首先，用低价爆款进入市场，通过 2 ~ 3 个月操作，有一定销量后，再提高价格。接下来，进行店铺产品结构调整。

比如店铺产品 30% 是低价引流爆款，产品图片都很精致；50% 的产品利润在 30% ~ 50%；剩下 20% 的产品利润在 50% ~ 300%；在 Shopee 平台，很多客户都是拼单买，这样利润就会被带起来。

2. 利用兼职，减少开支

因为王里的店铺每天需要上新 10 个产品 ~ 20 个产品，为了减少人员开支，她会招部分兼职员工。

王里主要让兼职员工负责上传产品和添加水印，同时按照固定的标题设置方式做标题和标签，只要有一个正式员工负责审核就可以。现在 40 家店铺，正式员工不到 10 人，大幅减少了人员成本。

还有一些细节需要注意：

选择好产品上架时间。王里团队一般选择在下午三四点，晚上六七点到十二点之间会把产品上架完。

控制好库存。他们是客户先下单，再进货和打包发货，所以会有少量库存，不过库存成本都控制在 10 000 元以内。

一个客服可以负责 10 家左右的同类目店铺，因为店铺的产品是一样的。

对于创业者来说，Shopee 是一个不错的创业平台，投入的成本低，已完成的订单金额，每半个月放款一次，资金压力相对较小。

注意点及后期规划

再次强调一下，一定要注意产品的主图和标题。如果所有店铺的产品主图和标题都一样，搜索引擎会屏蔽相同的商品，卖家能拿到的流量就非常有限。

|蒋晖点题|

近几年，做电商赚到钱的卖家，几乎都是自己测试出来一种新模式，抓住这个机会，然后批量复制它。王里的无货源玩法，其实就是把这个玩法搬到了其他的平台。

无货源模式，很多人在国内的平台都做过。但是跨境平台，目前在做的卖家比较少，这就是一个机会。建议最好有跨境经验的卖家去做，一般卖家不要贸然进入新的跨境平台。